शिव की महिमा

निशा वर्मा

ग्रंथ अकादमी, नई दिल्ली

प्रकाशक : ग्रंथ अकादमी,
भवन संख्या–19, पहली मंजिल, 2, अंसारी रोड, दरियागंज, नई दिल्ली–110002
सर्वाधिकार : सुरक्षित / संस्करण : 2023 / मूल्य : चार सौ रुपए
मुद्रक : नरुला प्रिंटर्स, दिल्ली ISBN 978-93-83110-88-9

SHIV KI MAHIMA *by* Nisha Verma ₹ 400.00
Published by Granth Akademi, Building No. 19, First Floor
2, Ansari Road, Daryaganj, New Delhi-110002

...अपनी बात

प्यारे बच्चो!

भगवान् शिव की महिमा अपरंपार है। पुराणों में उन्हें सृष्टि का जन्मदाता भी माना जाता है। कहते हैं, जब उन्होंने इस सृष्टि की रचना करने का मन बनाया तो स्वयं ब्रह्मा की उत्पत्ति की तथा उन्हें इस सृष्टि को बढ़ाने का आदेश दिया। भगवान् शिव की अनेक कथाओं का हमारे पुराणों में वर्णन मिलता है। उनकी अनेक चमत्कारी कथाएँ जन-जन में प्रचलित हैं। भगवान् शिव की कुछ चमत्कारी कथाओं को सरल भाषा व चित्रों के माध्यम से हमने इस पुस्तक में प्रस्तुत करने का प्रयास किया है। कथाओं को लिखते समय पूरा ध्यान रखा गया है कि किसी की धार्मिक भावनाओं को ठेस न पहुँचे। यदि फिर भी किन्हीं शब्दों से किसी भक्त को ठेस पहुँचती है तो हम उसके लिए क्षमा प्रार्थी हैं। हमें विश्वास है कि यह पुस्तक बाल पाठकों सहित प्रत्येक वर्ग के पाठकों के लिए भी उपयोगी रहेगी।

विनायकम्

506/13, शास्त्रीनगर, मेरठ (उ.प्र.)

–निशा वर्मा

विषय-सूची

सृष्टि की रचना

एक समय था, जब चारों ओर अँधेरा-ही-अँधेरा था। सूर्य, चंद्रमा, ग्रह-नक्षत्र, तारे कुछ भी नहीं थे। न दिन था, न रात। जल, वायु, अग्नि, पृथ्वी का कोई अस्तित्व नहीं था। उस समय केवल अनादि एवं अनंत एक ही सत्ता विद्यमान थी, जिसे 'भगवान् शिव की सत्ता' कहते थे।

एक बार भगवान् शिव के मन में एक से अनेक होने की इच्छा हुई। अपनी इस इच्छा को पूरी करने के लिए उनके मन में सृष्टि की रचना करने का विचार आया। इसलिए उन्होंने अपनी इच्छा को पूरा करने के लिए अपनी दूसरी शक्ति अंबिका को प्रकट किया और बोले, 'संसार की रचना करने के लिए अब हमें किसी दूसरे पुरुष का सृजन करना ही होगा, जिसके कंधे पर हम संसार को चलाने का भार सौंपकर इस भार से मुक्त हो जाएँ और आनंदपूर्वक विचरण करें।'

इतना कहकर भगवान् शिव अंबिका के साथ एकाकार हो गए और बाएँ अंग के दसवें हिस्से पर अमृत लगा लिया। तब एक अलौकिक पुरुष की उत्पत्ति हुई, जिसका सौंदर्य अनुपम था। उसके चार हाथ थे। एक हाथ में शंख, दूसरे में चक्र, तीसरे में गदा तथा चौथे में पद्म सुशोभित हो रहा था। इस अलौकिक पुरुष को भगवान् शिव ने 'विष्णु' का नाम देकर कठिन तपस्या करने की आज्ञा दी और कहा, 'हे पुत्र, सारे संसार को चलाने का भार मैं तुम्हें सौंपता हूँ।'

भगवान् शिव की आज्ञा पाकर विष्णुजी कठिन तपस्या में लीन हो गए। कठिन तपस्या के प्रभाव से उनके शरीर से अनेक जलधाराएँ निकलीं, जिससे सारा आकाश भर गया। कठिन तपस्या से थक जाने के कारण विष्णु उसी जल में सो गए।

जल में सोने से कमल का एक फूल निकलकर प्रकाश में आया। भगवान् शिव ने उस कमल के फूल पर उसी समय अपने दाहिने अंग से चतुर्मुख 'ब्रह्मा' को प्रकट कर दिया। ब्रह्माजी बहुत समय तक उस कमल के नाल में भ्रमण करते रहे और अपने उत्पत्तिकर्ता को खोजते रहे। लेकिन उन्हें अपने उत्पत्तिकर्ता का कुछ पता नहीं चला। तभी अचानक आकाशवाणी हुई, जिसके अनुसार ब्रह्माजी ने बारह वर्ष तक कठिन तपस्या की।

बारह वर्ष की कठिन तपस्या के उपरांत विष्णु भगवान् ने ब्रह्माजी को साक्षात् दर्शन दिए। भगवान् शिव की माया से विष्णु और ब्रह्मा के बीच बिना किसी कारण ही बहस छिड़ गई। ब्रह्मा और विष्णु के बीच बहस चल ही रही थी कि उन दोनों के बीच एक अलौकिक अग्नि-स्तंभ प्रकट हुआ। उस अग्नि-स्तंभ के आदि और अंत का पता ब्रह्मा व विष्णु भी नहीं लगा सके। ब्रह्मा और विष्णु ने बहुत कोशिश की, किंतु असफल रहे। अंत में विष्णु ने हाथ जोड़कर प्रार्थना की कि 'हे महाप्रभु! हम प्रयास करके भी आपके स्वरूप को जानने में असफल रहे हैं। कृपया हमारे सामने प्रकट होने की कृपा कीजिए।'

भगवान् विष्णु की तपस्या से प्रसन्न होकर भगवान् शिव ने प्रकट होकर उन्हें दर्शन दिए और कहा, 'मैं तुम दोनों की भक्ति और कठिन तपस्या से बहुत प्रसन्न हूँ। मैं संपूर्ण संसार का भार तुम्हें सौंपता हूँ। विष्णुजी संपूर्ण संसार के पालन करने का भार सँभालेंगे।'

भगवान् शिव ने इतना कहकर अपने हृदय से रुद्र को प्रकट करके उन्हें संसार का उत्तरदायित्व सौंप दिया और अंतर्धान हो गए।

यद्यपि ब्रह्माजी ने अपने कार्य का प्रारंभ मानसिक-सृष्टि से किया, किंतु

अपनी मानसिक-सृष्टि विकसित न होने के कारण वह बहुत दुःखी थे। तभी आकाशवाणी हुई और उन्हें मैथुनी-सृष्टि के प्रारंभ करने की आज्ञा मिली, क्योंकि तब तक नारियों की उत्पत्ति नहीं हुई थी।

ब्रह्माजी ने शिव से आशीर्वाद प्राप्त किए बिना मैथुनी-सृष्टि का प्रारंभ करना ठीक नहीं समझा। एक बार फिर से ब्रह्माजी ने कठिन तपस्या करनी आरंभ कर दी। उनकी भक्ति से प्रसन्न होकर भगवान् शिव ने अर्धनारीश्वर रूप में दर्शन दिए। भगवान् शिव के अलौकिक विग्रह को देखकर ब्रह्माजी ने उन्हें प्रणाम किया। उनकी तपस्या से प्रसन्न होकर भगवान् शिव ने कहा, 'तुम्हारी इच्छा अवश्य ही पूरी होगी।' इतना कहकर उन्होंने उमा देवी को अपने शरीर के आधे भाग से अलग कर दिया। तब ब्रह्मा ने उनकी शक्ति को श्रद्धा व भक्ति से प्रणाम करके अपनी इच्छा व्यक्त की और विनती करते हुए बोले कि 'वे उनके पुत्र दक्ष की पुत्री के रूप में जन्म लेकर उन्हें कृतार्थ करें।'

इसके बाद 'तथास्तु' कहकर उमा देवी भगवान् शिव के शरीर में प्रविष्ट हो गईं और भगवान् शिव भी अंतर्धान हो गए। इसके बाद ब्रह्माजी बिना किसी कठिनाई के मैथुनी-शक्ति के विस्तार में लग गए।

माता सती की जन्म कथा

देवी सती ने संसार की भलाई करने के लिए प्रजापति दक्ष की पुत्री के रूप में जन्म लिया था। सती का रूप-सौंदर्य दिव्य, अद्भुत और मन को मोहित करने वाला था। इनके रूप की चर्चा सुनकर देवर्षि नारद तथा पितामह ब्रह्मा एक बार प्रजापति दक्ष के घर पधारे ताकि इस सुंदर बालिका के दर्शन कर सकें। सती के दर्शन करने के बाद ब्रह्मा ने कहा, 'यदि तुम पति के रूप में भगवान् शिव को प्राप्त करना चाहती हो तो उनकी आराधना करो, क्योंकि भगवान् शिव के हृदय में केवल तुम्हारा ही स्थान है। तुम उन्हें तपस्या के द्वारा अवश्य प्राप्त कर सकती हो।' देवी सती को भगवान् शिव की आराधना करने का आदेश देकर देवर्षि नारद और ब्रह्मा अपने-अपने लोकों को चले गए।

धीरे-धीरे सती बड़ी होने लगी और युवावस्था को प्राप्त हो गई। तब देवी सती ने अपनी माता वीरिणी से आज्ञा माँगी, ताकि वे वन में जाकर कठिन तपस्या करके भगवान् शिव को पति के रूप में प्राप्त कर सकें। पुत्री की इच्छा का सम्मान करने के लिए सती की माता ने उन्हें वन में जाकर तपस्या करने की अनुमति दे दी। इसके बाद सती ने सहस्त्रों वर्षों तक शिव को पति के रूप में प्राप्त करने के लिए कठिन तपस्या की।

सती को कठिन तपस्या करते देखकर विष्णु जी अन्य देवताओं के साथ कैलाश पर्वत पर गए और भगवान् शिव से बोले, 'हे महेश्वर, हम सबकी

आपसे प्रार्थना है कि आप देवी सती को पत्नी के रूप में स्वीकार कर लीजिए। देवी सती आपको पति के रूप में प्राप्त करने के लिए अत्यंत कठिन तपस्या कर रही है।'

देवताओं की प्रार्थना और देवी सती की तपस्या से भगवान् शिव प्रसन्न हुए और साक्षात् दर्शन देकर बोले, 'हे देवी, हम तुम्हारी तपस्या से अत्यंत खुश हैं। हम तुम्हारी इच्छा अवश्य पूरी करेंगे। तुम जो चाहो, हम से वरदान माँग लो।'

देवी सती ने भगवान् शिव के साक्षात् दर्शन करके उन्हें प्रणाम किया और कहा, 'भगवन्, यदि आप सचमुच मुझसे प्रसन्न हैं, और मेरी इच्छा पूरी करना चाहते हैं तो मुझे पति के रूप में स्वीकार करके अनुग्रहीत कीजिए।' देवी सती को आशीर्वाद देकर भगवान् शिव ने 'तथास्तु' कहा और अंतर्धान हो गए।

इसके बाद प्रजापति दक्ष ने शुभ लग्न और मुहुर्त का विचार करके सती का विवाह खुशी से शिव के साथ कर दिया। सती का हाथ भगवान् शिव के हाथों में देकर प्रजापति दक्ष कृतार्थ हो गए; क्योंकि सती के लिए भगवान् शिव ही सर्वोत्तम वर थे, जिन्हें सती ने तपस्या द्वारा अपनी इच्छा से चुना था। इस विवाह से सभी देवता और ऋषि-मुनि बहुत खुश हुए। विवाह के बाद भगवान् शिव देवी सती के साथ कैलास पर्वत पर लौट आए और सुखपूर्वक रहने लगे।

सती का योगाग्नि में आत्मदाह

एक बार भगवान् शिव एवं भगवती सती दंडक वन में विचरण कर रहे थे। तभी उनकी दृष्टि राम और लक्ष्मण पर पड़ी, जो सीता की खोज में वन में भटक रहे थे। श्रीराम सीता के वियोग में बहुत दुःखी थे। वे 'सीते, सीते!' पुकारकर विलाप कर रहे थे। राम और लक्ष्मण को देखकर भगवान् शिव ने 'जय सच्चिदानंद' कहते हुए अत्यंत श्रद्धा और भक्ति से उन्हें प्रणाम किया। भगवान् शिव को इस प्रकार प्रणाम करते देखकर भगवती सती चुप न रह सकीं और शिवजी से बोलीं, 'हे प्रभु! क्या कारण है कि आप इन राजकुमारों को इतनी भक्ति और श्रद्धा से प्रणाम कर रहे हैं?'

भगवान् शिव ने कहा, 'हे देवी! ये दोनों राजकुमार कोई साधारण मानव नहीं हैं। भगवान् विष्णु और शेषनाग ने सूर्यवंशी राजा दशरथ के पुत्रों के रूप में अवतार लिया है, जिनके नाम राम और लक्ष्मण हैं।' भगवती सती को शिवजी की बातों पर बिलकुल भी विश्वास नहीं हुआ। शिव ने सती से कहा, 'यदि तुम्हें मेरी बातों पर विश्वास नहीं है तो तुम स्वयं जाकर पता लगा लो। तब तक मैं यहीं पर वृक्ष के नीचे बैठकर तुम्हारी प्रतीक्षा करूँगा।'

भगवती सती श्रीराम की परीक्षा लेने के लिए सीता का रूप धारण करके राम के पास पहुँच गईं। राम तो पहले से ही सबकुछ जानते थे। उन्हें भगवती सती भ्रम में न डाल सकीं। राम ने हँसते हुए उन्हें प्रणाम करके कहा, 'हे देवी!

भगवान् शिव कहाँ हैं? आप वन में अकेली किस कारण से विचरण कर रही हैं और आपने यह नया रूप क्यों धारण किया है?'

श्रीराम की परीक्षा लेने आई भगवती सती बहुत लज्जित हुईं, क्योंकि श्रीराम ने उन्हें पहचान लिया था। जैसे कोई ठग किसी

को ठगने जाए और स्वयं ही ठगा जाए, बिलकुल वैसी ही स्थिति भगवती सती की थी। आखिर लज्जित होकर वे अपने पति भगवान् शिव के पास लौटने लगीं। वे मन-ही-मन में सोच रही थीं कि अब वे अपने पति के पास जाकर क्या कहेंगी? क्योंकि अब उन्हें अपनी भूल का अहसास हो रहा था। शिवजी की बातों पर विश्वास न करके उन्होंने अच्छा नहीं किया था। वे जाकर अपने पति को बताएँ अथवा बात को टाल जाएँ? इन दोनों बातों में से किसी एक का निर्णय करना उनके लिए बहुत कठिन हो रहा था।

अब तो सती की दृष्टि जिधर भी पड़ती उधर श्रीराम, सीता और लक्ष्मण दिखाई दे रहे थे। सती को अनगिनत ब्रह्मा, विष्णु और शिव दिखाई दे रहे थे। उन्हें अनेक दैवी शक्तियाँ दिखाई देने लगीं। राम के अलौकिक, चमत्कारिक रूप को देखकर भगवती सती बुरी तरह डर गई और बेसुध होकर रास्ते में ही बैठ गईं। श्रीराम व सीताजी के चरणों में मन-ही-मन बार-बार प्रणाम करती हुई वहाँ से उठकर चलने लगीं और मन-ही-मन सोचती हुई भगवान् शिव के पास पहुँच गईं।

सती को देखकर भगवान् शिव ने कहा, 'देवी, आपने श्रीराम की परीक्षा किस प्रकार की, हमें भी तो बताओ?, शिवजी की बातें सुनकर भगवती सती बोलीं, 'मैंने श्रीराम की कोई परीक्षा नहीं ली। मैं तो केवल आपकी ही तरह से उन्हें प्रणाम करके वापस लौट आई।' किंतु भगवान् शिव ने समाधि में लीन होकर सच्चाई का पता स्वयं ही लगा लिया। भगवान् शिव का मन सती के वियोग से भर गया, क्योंकि सती ने श्रीराम की परीक्षा सीता का रूप धारण करके ली थी। इसलिए भगवान् शिव उन्हें पत्नी के रूप में स्वीकार नहीं कर सकते थे।

तभी सती ने कुछ देवताओं को आकाश मार्ग से जाते हुए देखा तो शिव से पूछने लगीं। शिवजी ने बताया, 'देवी, तुम्हारे पिता दक्ष ने एक बड़े यज्ञ का आयोजन किया है। ये देव तुम्हारे पिता दक्ष के यज्ञ में शामिल होने जा रहे हैं। तुम्हारे पिता दक्ष किसी कारण से हमारे विद्रोही हो गए हैं, इसलिए उन्होंने इस यज्ञ में हम दोनों को नहीं बुलाया है। मेरे विचार से, हम दोनों को बिना बुलाए उस यज्ञ में नहीं जाना चाहिए।'

किंतु देवी सती उस यज्ञ में जाने के लिए हठ करने लगीं। भगवान् शिव के बार-बार समझाने पर भी जब वे नहीं मानीं तो शिवजी ने अपने साठ सहस्र गणों के साथ भगवती सती को दक्ष के यहाँ भेज दिया। वहाँ उन्हें यज्ञ में अपने पति का भाग दिखाई नहीं दिया। फिर तो भगवती सती ने क्रोधित होकर योग शक्ति से योगाग्नि प्रकट की और उसमें अपने शरीर को जलाकर भस्म कर दिया। भगवती सती के इस प्रकार आत्मदाह करने से सभी देवगण बहुत दुःखी हुए और क्रोधित होकर यज्ञ को नष्ट करने लगे। चारों ओर हाहाकार मच गया। तब महर्षि भृगु 'रक्षोध्न मंत्र' का उच्चारण करके यज्ञ की रक्षा करने लगे।

दक्ष-यज्ञ का विध्वंस

भगवती सती के आत्मदाह करने के उपरांत शिवगण दौड़ते-भागते हुए भगवान् शिव के पास आए और भगवती सती के आत्मदाह की दुःखद घटना से उन्हें अवगत कराते हुए बोले, 'हे प्रभु! दक्ष अत्यंत ही अभिमानी और कुटिल हैं। उन्होंने भगवती सती का अनादर किया था, जिसे वे सहन न कर सकीं और अत्यंत क्रोधित हो गईं। दुष्ट दक्ष द्वारा यज्ञ में आपका भाग न निकाले जाने के कारण भगवती सती ने अपने पिता दक्ष की बहुत निंदा की और योगाग्नि प्रकट करके उसमें आत्मदाह कर लिया।'

जब भगवान् शिव ने भगवती सती के आत्मदाह का समाचार सुना तो उनका क्रोध चरम सीमा पर पहुँच गया। उन्होंने रुद्र रूप धारण करके अपने सिर से एक जटा उखाड़ी और क्रोध के वशीभूत होकर उसे पर्वत पर पटक दिया। पर्वत पर पटकने से जटा के दो टुकड़े हो गए और उनसे ऐसा विस्फोट हुआ, जिसकी आवाज से सारा ब्रह्मांड गूँजने लगा। तब जटा के एक हिस्से से महाबली वीरभद्र की उत्पत्ति हुई। वीरभद्र की सहस्र भुजाएँ थीं और उसका शरीर बहुत ऊँचा था। जटा के दूसरे हिस्से से महाकाली प्रकट हुईं, जो देखने में बहुत ही विकराल थीं।

वीरभद्र भगवान् शिव को प्रणाम करके बोला, 'हे प्रभु! आप बताएँ कि मुझे क्या करना है?कृपया मुझे शीघ्र ही आज्ञा दीजिए।'

भगवान् शिव ने वीरभद्र से कहा, 'ब्रह्मा का पुत्र दक्ष बहुत ही अभिमानी हो

गया है। वह मूर्ख बहुत ही कुटिल है। मेरी आज्ञा है, उस मूर्ख के यज्ञ को नष्ट कर दो। तुम उस यज्ञ कलश के जल को स्वयं पी लेना और दक्ष का सिर काटकर धड़ से अलग कर देना।'

सभी शिवगणों के साथ भगवान् शिव की आज्ञा से वीरभद्र दक्ष के यज्ञ में पहुँच गए। वीरभद्र ने शिवगणों के साथ मिलकर देवगणों पर बाणों की वर्षा करनी प्रारंभ कर दी। बाणों की वर्षा से घायल देवतागण दसों दिशाओं में भागने लगे और जीवन की रक्षा के लिए प्रयास करने लगे।

वीरभद्र के इस भयंकर रूप को देखकर सभी ऋषि-मुनि भयभीत हो गए। महर्षि भृगु को उठाकर वीरभद्र ने जमीन पर पटक दिया और उनकी दाढ़ी-मूँछें नोंच लीं। भगवान् शिव के संबंध में जब दक्ष निंदायुक्त वचन बोल रहा था, तब पूषा दाँत दिखाकर ज़ोर-जोर से हँस रहा था। इसलिए वीरभद्र ने पूषा के दाँत उखाड़ दिए। भगवान् शिव के गणों में नंदी नाम के एक गण ने क्रोध के कारण भृगु को भूमि पर पटक दिया और उसकी आँखें फोड़ दीं; क्योंकि जब दक्ष भगवान् शिव को शाप दे रहे थे, तब आँखों के इशारे से भृगु अपनी सहमति प्रकट कर रहे थे। स्वाहा और स्वधा आदि देवियाँ, जो यज्ञ में उपस्थित थीं, उनकी भी शिवगणों ने बहुत दुर्दशा की। दक्ष यह विनाश-लीला देखकर भय के कारण कहीं छिप गए। लेकिन वीरभद्र ने दक्ष को पूरी शक्ति के साथ बाहर खींच लिया और तलवार से प्रहार कर दक्ष का सिर धड़ से अलग करने की कोशिश की। किंतु दक्ष की आध्यात्मिक शक्ति के कारण वीरभद्र ने क्रोध में आकर दक्ष का सिर मरोड़कर तोड़ दिया। इस प्रकार वीरभद्र सभी शिवगणों के साथ यज्ञ को पूर्णरूप से नष्ट करके सभी देवी-देवताओं को उचित दंड देने के बाद कैलास पर्वत पर लौट आए, जहाँ भगवान् शिव उनकी प्रतीक्षा कर रहे थे।

शिव द्वारा दक्ष को क्षमादान

जिस समय ब्रह्माजी अपने पुत्र दक्ष का सिर यज्ञ कुंड में भस्म किए जाने के समाचार से अत्यंत दु:खी थे, उस समय सभी ऋषि-मुनि शिवगणों द्वारा दंडित किए जाने पर ब्रह्माजी के पास गए। ब्रह्माजी ऋषि-मुनियों द्वारा देवताओं के साथ विष्णुजी के पास जाकर बोले, 'हे प्रभु! शिवगणों ने भगवान् रुद्र की आज्ञा से देवताओं के अंग भंग कर दिए हैं और मेरे पुत्र का सिर यज्ञ कुंड में जलाकर भस्म कर दिया है। हे प्रभु! हम सब आपकी शरण में आए हैं, आप कुछ ऐसा कीजिए, जिससे सबकुछ पहले के जैसा ही हो जाए।'

भगवान् विष्णु ने कहा, 'हे प्रजापति! सभी देवताओं और ऋषि-मुनियों ने भगवान् शिव को यज्ञ में उनका भाग न देकर उनकी भावनाओं को ठेस पहुँचाने का बहुत बड़ा अपराध किया है। दुष्ट दक्ष के कटु वचनों के कारण ही भगवान् शिव क्रोधित हैं। आप सब शुद्ध हृदय से उन्हें प्रसन्न करने का प्रयास करें।'

भगवान् शिव को बहुत ही आसानी से प्रसन्न किया जा सकता है। यदि भगवान् शिव क्रोध में आ गए तो संपूर्ण संसार का नाश कर देंगे। भगवती सती के वियोग के कारण अभी भी भगवान् शिव बहुत दु:खी हैं, इसलिए हम सबको उनके पास जाकर अपने अपराधों के लिए क्षमा माँगनी चाहिए। मुझे विश्वास है कि क्षमा माँगने पर वे अवश्य ही क्षमादान देंगे।'

इसके बाद भगवान् विष्णु सभी ऋषि-मुनियों और देवताओं के साथ

मिलकर शिव की स्तुति करके बोले, 'हे महेश्वर! हम सब आपकी शरण में आए हैं। कृपया हमारी रक्षा कीजिए। आप संपूर्ण सृष्टि के आदि कारण हैं। आप कृपा करके भग, पूषा, भृगु और सभी देवताओं को पहली की स्थिति में ला

दीजिए। जब यज्ञ समाप्त हो जाएगा, तब बचा हुआ शेष भाग आप ही का होगा।' इतना कहकर सभी देवताओं, ऋषि-मुनियों ने भगवान् शिव को फिर से दंडवत् प्रणाम किया।

भगवान् शिव तो दयालु हैं। वे शीघ्र ही प्रसन्न होकर बोले, 'दक्ष द्वारा किए गए यज्ञ के नष्ट होने का कारण मैं नहीं हूँ, बल्कि दक्ष की दूसरों के प्रति ईर्ष्या की भावना है। प्रत्येक व्यक्ति को अपने कर्मों के अनुसार ही फल मिलता है। इसलिए किसी भी मनुष्य को ऐसे कार्य नहीं करने चाहिए, जिसके कारण उसे कष्ट उठाने पड़ें। दक्ष के अभिमान के कारण ही उसका विनाश हुआ है। फिर भी, मैं उसे बालक समझकर क्षमा करता हूँ।' इतना कहने के पश्चात् भगवान् शिव ने सभी ऋषि-मुनियों और देवताओं को पूर्ववत् स्थिति में ला दिया। दक्ष के सिर के स्थान पर बकरे का सिर जोड़ दिया और दक्ष फिर से जीवित हो गया। इस प्रकार दक्ष का यज्ञ बिना किसी विघ्न-बाधा के संपन्न हो गया।

पार्वती की जन्म कथा

जिस समय देवी सती ने योगाग्नि में आत्मदाह किया तो उन्होंने भगवान् विष्णु से यह प्रार्थना की कि 'चाहे वे कहीं पर भी जन्म लें, किंतु उनकी भगवान् शिव में अटल भक्ति रहनी चाहिए।' यही कारण था कि आत्मदाह के बाद देवी सती ने हिमालय की पुत्री के रूप में जन्म लिया। पार्वती के जन्म का समाचार जब देवर्षि नारद को प्राप्त हुआ तो वे भी उनके दर्शन करने की इच्छा से हिमालय के घर पधारें। देवर्षि नारद को अपने घर देखकर हिमालय को अपार प्रसन्नता हुई। हिमालय ने देवर्षि नारद का उचित आदर-सत्कार किया।

आदर-सत्कार के बाद हिमालय ने कहा, 'हे मुनिवर, आप वर्तमान, भूत और भविष्य के ज्ञाता हैं। मैं अपनी पुत्री के भविष्य के विषय में जानने के लिए बहुत उत्सुक हूँ। कृपया आप मेरी कन्या के भविष्य पर प्रकाश डालते हुए उसके जीवन को प्रभावित करने वाले शुभ-अशुभ ग्रहों से भी अवगत कराएँ।'

हिमालय की बात सुनकर देवर्षि नारद बोले, 'हे पर्वतराज, तुम्हारी कन्या सभी गुणों और शुभ लक्षणों से युक्त है। इन कन्या के जन्म से इसके माता-पिता के यश में वृद्धि होगी और भविष्य में सब लोग इसे 'उमा' के नाम से जानेंगे।

इस कन्या के पति बिल्कुल विलक्षण होंगे। माता-पिता से विहीन सब जगह नग्न रूप से भ्रमण करनेवाले होंगे। वे हमेशा मान-अपमान से परे होंगे, अर्थात् उनके जीवन पर मान-अपमान का कोई प्रभाव नहीं होगा। मेरे विचार से तो ये

सभी दोष भगवान् शिव में मौजूद हैं। वैसे तो भगवान् शिव के ये सभी दुर्गुण गुणों में परिवर्तित उसी समय हो जाएँगे, जब तुम्हारी पुत्री उन्हें पति के रूप में प्राप्त करने में सफल हो जाएगी। भगवान् शिव को प्राप्त करने के लिए तुम्हारी पुत्री को कठिन तपस्या करनी होगी। भगवान् शिव को केवल कठिन तपस्या के

द्वारा ही प्राप्त किया जा सकता है। मेरा विचार है कि तुम्हारी पुत्री के लिए भगवान् शिव को छोड़कर दूसरा कोई वर उचित नहीं है। भगवान् शिव अमर हैं।

पार्वती धीरे-धीरे बड़ी होने लगी और कुछ ही समय में किशोरावस्था को प्राप्त हो गई। जैसे-जैसे पार्वती बड़ी होती गई, उनका प्रेम भगवान् शिव के प्रति बढ़ता ही गया। एक दिन पार्वती ने अपने माता-पिता से आज्ञा माँगी, ताकि वह वन में जाकर शिव को पति के रूप में प्राप्त करने के लिए कठिन तपस्या कर सके। पहले तो पार्वती की माता ने उन्हें वन में जाने की अनुमति नहीं दी; किंतु पुत्री का हठ देखकर उन्हें विवश होकर वन में जाने की आज्ञा देनी पड़ी।

पार्वती ने वन में जाकर समस्त भोगों का त्याग कर दिया और कठिन तपस्या करते हुए भगवान् शिव के ध्यान में लीन हो गईं। पार्वती का शरीर बहुत ही कोमल था। उन्होंने अपने शरीर की कोई परवाह नहीं की। पार्वती ने सहस्त्रों वर्ष कंदमूलों और फल खाकर बिता दिए। इसके बाद केवल वायु और जल का सेवन करके इन्होंने अत्यंत कठिन तपस्या की। इसके बाद तीन सहस्त्र वर्षों तक सिर्फ सूखे पत्ते खाकर जीवन व्यतीत किया। भविष्य में एक समय ऐसा भी आया, जब पार्वती ने सूखे पत्ते खाना भी छोड़ दिया। पार्वती की कठिन तपस्या से एक दिन भगवान् शिव प्रसन्न हुए और आकाशवाणी हुई-

'हे गिरिजाकुमारी, तुम्हारे समान कठिन तपस्या करनेवाला इस संसार में दूसरा और कोई नहीं है। तुम्हारी तपस्या पूरी हुई। तुम्हारी तपस्या से भगवान् शिव अत्यंत प्रसन्न हैं और वे तुम्हें पति के रूप में अवश्य ही प्राप्त होंगे। अब तुम अपने पिता के साथ घर लौट जाओ। सप्तऋषियों का स्वयं तुमसे वन में आकर मिलना, इस आकाशवाणी की सत्यता को सिद्ध कर देगा।'

आकाशवाणी सुनकर पार्वती खुशी से फूली न समाई। उन्हें खुशी इस बात की थी कि अब भगवान् शिव उन्हें पति के रूप में प्राप्त हो जाएँगे; क्योंकि भगवान् शिव में अटल भक्ति के कारण ही पार्वती अपनी कठिन तपस्या करने में सफल हो सकी।

एक दिन सप्तऋषि भगवान् शिव के आदेशानुसार पार्वती की भक्ति की परीक्षा लेने आए। सप्तऋषियों ने वहाँ आकर पार्वती से पूछा कि 'आप कठोर तप का जीवन क्यों व्यतीत कर रही हैं?' पार्वती ने सप्तऋषियों के प्रश्न का उत्तर देते हुए कहा कि भगवान् शिव को पति के रूप में प्राप्त करना ही मेरे तप का एकमात्र कारण है।

भगवान् शिव में पार्वती की अटल भक्ति देखकर सप्तऋषियों ने कहा, 'हे देवी, हमें पूरा विश्वास है कि देवर्षि नारद ने ही तुम्हें भ्रम में डाला है। जो हर स्थिति में उदासीन रहनेवाला, शुभ गुणों से रहित और अमंगल वेशवाला है। जिसके गले में हमेशा सर्पों की माला रहती है। क्या ऐसे भगवान् शिव को पति के रूप में प्राप्त करने के लिए तुमने सबकुछ छोड़कर इतना कठिन तप किया है? तुम जैसी सुंदर, बुद्धिमान कन्या से हमें ऐसी आशा कदापि नहीं थी। हमारे विचार से अत्यंत सुंदर, सर्वगुणसंपन्न, बैकुंठाधिपति विष्णु ही तुम्हारे योग्य सर्वोत्तम वर है। तुम्हारा उन्हें ही पति के रूप में स्वीकार करना उचित है।'

सप्तऋषियों की बात सुनकर भी पार्वती की भगवान् शिव में अटल भक्ति कम नहीं हुई। पार्वती बोली, 'हे सप्तऋषियों, मेरा शरीर पर्वत से उत्पन्न होने के कारण मेरी भगवान् शिव में भक्ति अटल है और मैं उन्हें पति के रूप में प्राप्त करके ही रहूँगी। चाहे इस प्रयास में मेरी मृत्यु ही क्यों न हो जाए? एक जन्म तो

क्या, आने वाले करोड़ों जन्मों के लिए भी मेरा यह अटल निश्चय है कि मैं शिव को ही पति के रूप में ँगी और यदि शिव मुझे पति के रूप में प्राप्त नहीं हुए तो मैं इस न में विवाहित रहूँगी, अपितु आने वाले करोड़ों जन्मों में भी अविवाहि । भगवान् शिव के अलावा मुझे कोई और पति के रूप में कदापि स्वीकार नहीं है। यही मेरा अटल निश्चय है।'

सप्तऋषियों ने जब भगवती पार्वती की शिव में अटल भक्ति और विश्वास देखा तो वे भी हैरान हो गए और पार्वती को 'जगदंबा' के रूप में प्रणाम करके भगवान् शिव के पास कैलास लौट आए। और भगवान् शिव को पार्वती की अटल भक्ति के विषय में सबकुछ बता दिया। इसके बाद शिव पुनः समाधि में लीन हो गए।

कामदेव के अस्तित्व का अंत

तारक नाम का एक असुर था, जिसका नाम 'तारकासुर' के रूप में बहुत प्रचलित हुआ। वह बहुत शक्तिशाली था। उसने अपनी शक्ति के बल से ब्रह्मांड के सभी प्राणियों पर विजय प्राप्त कर ली। तारकासुर के द्वारा हार जाने पर देवताओं के पास कोई भी ऐसा स्थान नहीं बचा था, जिसे वे अपना कह सकें।

अजेय होने का वरदान तो तारकासुर पहले ही प्राप्त कर चुका था। उसका वध भगवान् शिव के वीर्य द्वारा उत्पन्न पुत्र द्वारा ही किया जा सकता था। इसी समस्या को लेकर सभी देवता एकत्र होकर ब्रह्मा के पास गए। ब्रह्मा ने देवताओं को कामदेव से संपर्क स्थापित करने की सलाह दी और कहा, 'आप कामदेव को भगवान् शिव की समाधि भंग करने के लिए सहमत कर लें।' ब्रह्माजी ने देवताओं से यह भी कहा कि 'दक्ष के यज्ञ के समय जिस भगवती सती ने आत्मदाह किया था, उनका पुनर्जन्म पार्वती के रूप में हो चुका है। पार्वती ने भगवान् शिव को पति के रूप में प्राप्त करने के लिए कठिन तपस्या की है।

'कामदेव के कारण जैसे ही भगवान् शिव की समाधि भंग होगी। तब हम मिलकर उनसे प्रार्थना करेंगे कि भगवती पार्वती को पत्नी के रूप में स्वीकार कर लें। तारकासुर के वध का बस यही एक उपाय है। अन्य किसी भी उपाय से तारकासुर का वध असंभव है।'

ब्रह्माजी के आदेशानुसार समस्त देवगणों ने एकत्र होकर कामदेव के समक्ष

अपनी समस्या रखी। देवताओं की बात सुनकर कामदेव ने कहा, 'हे देवगणो! मैं भगवान् शिव को क्रोधित नहीं करना चाहता, क्योंकि उन्हें क्रोधित करना मेरे हित में नहीं है। यह सब जानते हुए भी मैं देवगणों की भलाई को ध्यान में रखकर वह सब कार्य करूँगा, जिसके लिए आप सब मेरे पास आए हैं।' इतना

कहकर कामदेव ने अपना धनुष-बाण उठाया और भगवान् शिव के पास पहुँच गए। सबसे पहले कामदेव ने संसार के सभी प्राणियों को अपने वश में कर लिया, जिसके कारण संसार के सभी पुरुष काम के वशीभूत हो गए।

इसके बाद कामदेव आम के एक पेड़ पर चढ़कर उसकी डाल पर बैठ गए और एक के बाद एक करके पाँच पुष्पबाण छोड़े, जो सीधे भगवान् शिवजी के हृदय पर जाकर लगे। पुष्णबाणों के लगने से भगवान् शिव की समाधि भंग हो गई। उन्होंने जब सामने वृक्ष पर कामदेव को बैठे देखा तो उनके क्रोध की सीमा न रही और वे तुरंत समझ गए कि ये पुष्पबाण कामदेव के द्वारा ही छोड़े गए हैं। अब क्रोधित भगवान् शिव ने अपना तीसरा नेत्र खोल दिया। उनके तीसरे नेत्र से जो प्रकाश-पुंज निकला, उसने कामदेव को जलाकर भस्म कर दिया। कामदेव की पत्नी रति ने जब अपने पति को भस्म के रूप में देखा तो वह शिवजी के चरणों में गिरकर विलाप करने लगी और दया की भीख माँगने लगी।

भगवान् शिव तो दयालु हैं। उन्होंने कामदेव को अनंग बना दिया और रति को वरदान देते हुए कहा, 'जब भगवान् विष्णु द्वापर युग में कृष्ण के रूप में अवतार लेंगे, तब कामदेव का जन्म उनके पुत्र के रूप में होगा।' शिवजी से यह वरदान प्राप्त करके रति बहुत प्रसन्न हुई और शिवजी के चरणों में बार-बार प्रणाम करती हुई अपने धाम को वापस लौट गई।

पार्वती की कठिन तपस्या

भगवान् शंकर तपस्या के बिना प्रसन्न नहीं होते। यही सोचकर पार्वती ने अपनी माता से वन में जाने की अनुमति माँगी। अपनी माँ के समझाने पर पार्वती नहीं मानीं और जहाँ गंगाजी प्रकट हुई थीं, उसी स्थान पर वेदी बनाकर पंचाक्षरी मंत्र का जप करने लगीं। गरमी में पंचाग्नि तप और सर्दी में शीतल जल के अंदर बैठकर पार्वती ने तीन हजार वर्ष तक कठोर तप किया। उनकी कठिन तपस्या को देखकर देवता भी उनके दर्शन करने आए।

पार्वती की कठोर तपस्या से तीनों लोक तपने लगे। इसलिए देवता, दानव, ऋषि, मुनि, यक्ष, गंधर्व सभी ब्रह्मा के पास आए और संपूर्ण ब्रह्मांड का हाल बताया। ब्रह्मा व विष्णुजी सभी देवताओं को लेकर शिव के पास जाकर बोले, 'प्रभु, आप हमारी रक्षा कीजिए! हम तारकासुर के अत्याचारों से पीड़ित हैं और उसका वध आपके द्वारा ही संभव है। इसलिए आप पार्वतीजी से विवाह करें, क्योंकि पार्वती के तप से तीनों लोक तप रहे हैं। ऐसा कठोर तप किसी ने आज तक नहीं किया।'

देवताओं की प्रार्थना सुनकर भगवान् शिव ने कहा कि 'मैं पार्वती से विवाह नहीं कर सकता, क्योंकि मैंने काम को जलाकर भस्म कर दिया है।' किंतु देवताओं के बार-बार प्रार्थना करने पर भगवान् शिव बोले, 'देवगणो! यह विवाह बंधन का कारण है। मैं तो अपने भक्तों के अधीन हूँ। भक्तों की रक्षा के

लिए तो मैं कभी-कभी अनुचित कार्य भी कर देता हूँ। तुम्हारे दुःख को दूर करने के लिए मैं पार्वती से विवाह करने को तैयार हूँ।'

पार्वतीजी की परीक्षा

पार्वतीजी से विवाह करने की स्वीकृति देने के बाद भगवान् शिव ने सप्तर्षियों को बुलाकर आदेश दिया कि गौरी शिखर पर जाकर वे पार्वती के प्रेम की परीक्षा लें। सप्तर्षि गौरी शिखर पर गए और पार्वती को प्रणाम करके बोले, 'हे देवी! आप किस कारण से कठोर तपस्या कर रही हैं?'

यह सुनकर पार्वती बोलीं, 'हे ऋषि श्रेष्ठो! नारदजी की आज्ञा से मैं इस वन में भगवान् शिव को पति के रूप में पाने के लिए कठोर तप कर रही हूँ। वे मेरे देवता हैं। मुझे विश्वास है कि वे मेरी इच्छा अवश्य पूरी करेंगे।'

पार्वती के विचार सुनकर ऋषिगण हँसकर बोले, 'कपटी नारद के चरित्र को आप जैसी निष्कपट कुमारियाँ नहीं जानतीं। उसने अनेक घरों को नष्ट किया है। दक्ष के सहस्र पुत्र अपने पिता की आज्ञा से नारायण सरोवर पर तप करने गए थे और वे भी लौटकर नहीं आए। विद्याधर चित्रकेतु का घर कभी बसने नहीं दिया। ऐसे कपटी नारद की बात पर विश्वास करके तुम निर्लज्ज, नग्न, भूत-प्रेतों के साथी शिव से विवाह करोगी? शिव से विवाह करके दक्ष की कन्या सती को कौन सा सुख मिला? वह भी अपने पिता के यज्ञ में जाकर भस्म हो गईं। हमारे विचार से तुम हठ छोड़कर वापस लौट जाओ।'

सप्तर्षियों की बात सुनकर पार्वतीजी बोलीं, 'हे ऋषिगणो! प्रत्येक मनुष्य शिव को प्राप्त नहीं कर सकता। मैंने शिव के परमतत्त्व को जान लिया है। मैं

हिमालय की पुत्री हूँ, इसलिए कठिन तपस्या से नहीं घबराती। नारदजी ने तो तप करने की आज्ञा देकर मेरा भला ही किया है। हे ऋषियो! यदि मेरा विवाह शिव से न हुआ तो मैं आजन्म अविवाहिता रहकर शिव की ही पूजा-अर्चना करूँगी। सूर्य व चंद्रमा भी चाहे इधर के उधर उदय हों, किंतु मेरा निश्चय दृढ़ है। मैं शिव के अलावा पति के रूप में किसी और को कभी वरण नहीं करूँगी।'

सप्तर्षि लौटकर शिव के पास गए और उन्हें पार्वती के दृढ़ निश्चय के बारे में सबकुछ बता दिया। इसके बाद भगवान् शिव स्वयं ब्राह्मण का वेश बनाकर पार्वती की परीक्षा लेने के लिए गए और पार्वती से पूछा, 'हे देवी! तुम कौन हो? और इस निर्जन वन में इतनी कठिन तपस्या किसलिए कर रही हो?'

पार्वतीजी ब्राह्मण के रूप में भगवान् शिव से बोलीं, 'हे ब्राह्मण देव! मैं मन, वचन और कर्म से शिवजी को अपना पति बनाना चाहती हूँ। मुझे ज्ञात है कि उन्हें पति बनाना आसान नहीं है, किंतु फिर भी मेरा उत्साह कम नहीं हुआ है।'

पार्वती की बातें सुनकर वे ब्राह्मणदेव बोले, 'देवी, तुम बहुत बड़ी भूल कर रही हो। मैं शिवजी को अच्छी तरह जानता हूँ कि वे हमेशा नंगे रहते हैं, बूढ़े बैल पर चढ़ते हैं, भस्म-जटा-विभूति धारण करते हैं। देवी सती को भी शिव से विवाह करके कौन सा सुख मिला? तुम जैसी सुंदर कन्या को तो विष्णु या इंद्र जैसे किसी सुंदर देवता को पति के रूप में स्वीकार करना चाहिए। शिव में तो वर के योग्य कोई गुण दिखाई नहीं देता। मेरे विचार से, शिव को पति के रूप में स्वीकार करना अनुचित है।'

ब्राह्मण के मुख से शिव के विषय में उलटी-सीधी बातें सुनकर पार्वती को बहुत क्रोध आया। वे बोलीं, 'हे ब्राह्मण! विष्णु और ब्रह्मा भी उनकी रक्षा में ही सुख पाते हैं। आठों सीढ़ियाँ शिव के चरण चूमती हैं। इस संसार में जो शिव की निंदा करता है, उसे कहीं भी शरण नहीं मिलती।'

इतना कहकर पार्वती अपनी सखी विजया से बोलीं, 'विजया, इस नीच ब्राह्मण को यहाँ से निकाल दो, अन्यथा यह फिर शिव की निंदा करने लगेगा। शिव की निंदा सुननेवाला भी पाप का भागी होता है। यदि इसी समय यहाँ से यह नहीं गया तो मैं इस स्थान को छोड़कर कहीं और चली जाऊँगी!'

इतना कहकर पार्वती जैसे ही जाने के लिए तैयार हुईं, शिवजी अपने वास्तविक रूप में आ गए और बोले, 'पार्वती, तुमने मुझे अपनी तपस्या के अधीन कर लिया है। तीनों लोकों में तुम्हारे समान तपस्वी नहीं है। हे प्राणेश्वरी! तुम मेरी अनादि पत्नी हो। मैंने तुम्हें कभी नहीं छोड़ा, तुम मुझे छोड़कर जा रही हो?'

शिवजी के दर्शन करके पार्वती बहुत प्रसन्न हुईं और बोलीं, 'हे प्राणनाथ! आपने मुझे क्यों भुला दिया? कृपया आप मुझे पत्नी के रूप में स्वीकार कीजिए।' इसके बाद भगवान् शिव ने 'तथास्तु' कहकर देवी पार्वती को शुभ आशीर्वाद दिया। इस प्रकार पार्वती अपनी परीक्षा में सफल रहीं।

शिव-पार्वती विवाह

कामदेव का अंत हो जाने के बाद सभी देवगण एकत्र होकर भगवान् शिव के पास विशेष प्रयोजन से गए। देवगणों को देखकर शिवजी ने उनके आने का कारण पूछा। उन्होंने अपने आने का प्रयोजन बताते हुए कहा, 'भगवन्! देवी पार्वती ने आपको पति के रूप में प्राप्त करने के लिए सैकड़ों वर्षों तक कठिन तपस्या की है, अतः हमारी आपसे प्रार्थना है कि पार्वतीजी को पत्नी के रूप में स्वीकार करके हमारी इच्छा पूर्ण कीजिए और तारकासुर का अंत करने के लिए संसार को एक ऐसा पुत्र दीजिए, जो संपूर्ण संसार का उद्धार कर सके।'

भगवान् शिव ने देवताओं का निवेदन स्वीकार करके हिमालय के घर सप्तर्षियों के द्वारा अपना संदेश भिजवा दिया। शिवजी के संदेश को प्राप्त करके हिमालय बहुत प्रसन्न हुए और उनके शुभ संदेश को तुरंत स्वीकार कर लिया। हिमालय ने सप्तर्षियों को लग्न-पत्रिका भेंट कर दी, ताकि वे शुभ मुहूर्त बता सकें। सप्तर्षियों ने हिमालय द्वारा दी गई लग्न-पत्रिका को ब्रह्माजी को सौंप दिया। शिव-पार्वती के विवाह के शुभ समाचार से सारे ब्रह्मांड में हर्ष छा गया। आकाश से फूलों की वर्षा होने लगी तथा दसों दिशाएँ शिव-पार्वती के विवाह की प्रसन्नता में अलौकिक संगीत से गूँजने लगी। देवर्षि नारद ने भगवान् शिव की आज्ञा से सभी देवताओं को बारात प्रस्थान करने के लिए न्यौता दिया।

शिवजी की बारात में जहाँ देवता और ऋषि-मुनि शामिल थे, वहाँ कुछ लोग

लँगड़े-लूले तथा अंधे-काने भी थे। कुछ लोगों के तो दो से भी ज्यादा नेत्र थे। कुछ बाराती तो देखने में कंकाल के समान प्रतीत होते थे। शिवजी की बारात में बड़े ही विचित्र लोग थे। ऐसी बारात पहले किसी ने न तो देखी थी और न ही सुनी थी। अनेक प्रकार के वाद्य यंत्रों से दसों दिशाओं को गुंजायमान करती हुई शिवजी की बारात हिमालय की नगरी के पास पहुँच गई।

भगवान् शिव ने नगर के द्वार पर पहुँचकर देवर्षि नारद को हिमालय के घर भेज दिया, ताकि वह बारात के आगमन की सूचना दे सकें। बारात के आगमन की सूचना पाकर हिमालय का हृदय प्रसन्नता से झूम उठा। आखिर वह समय आ ही

गया जब उनकी पुत्री पार्वती को शिवजी पत्नी के रूप में स्वीकार करने के लिए उनके नगर के द्वार पर पधार चुके थे! बारात के स्वागत करने के उद्देश्य से हिमालय स्वयं ब्राह्मणों के साथ नगर के द्वार पर पहुँच गए। बैल पर चढ़े हुए भगवान् शिव का अद्वितीय सौंदर्य करोड़ों कामदेवों के सौंदर्य को भी लज्जित कर रहा था। भगवान् शिव के इस रूप में दर्शन करना हिमालय के लिए बहुत ही सौभाग्य की बात थी। पर्वतों के राजा हिमालय ने सभी बारातियों को आदर सहित प्रणाम किया और बारात की अगवानी करते हुए नगर की ओर प्रस्थान करने लगे।

पार्वती की माता मैना के अभिमान को भगवान् शिव ने सदैव के लिए नष्ट करने के उद्देश्य से भगवान् विष्णु एवं ब्रह्माजी को पहले ही हिमालय के घर भेज दिया और स्वयं भगवान् शिवजी बाद में हिमालय के घर गए।

भगवान् विष्णु शिवजी की आज्ञा का पालन करते हुए पहले ही हिमालय के घर पहुँच गए। विष्णु के अलौकिक रूप-सौंदर्य को देखकर मैना की प्रसन्नता का कोई ठिकाना नहीं था। मैना ने प्रसन्न होते हुए देवर्षि नारद से पूछा, 'क्या ये मेरी पुत्री को पत्नी के रूप में स्वीकार करने आए हैं?'

मैना के प्रश्नों का उत्तर देते हुए नारद बोले, 'देवी, मुझे लगता है कि अवश्य ही आपसे समझने में कोई भूल हुई है। यह तो भगवान् विष्णु हैं, शिवजी नहीं। भगवान् शिव का सौंदर्य तो अनुपम है।' फिर क्या था, एक के बाद एक करके सभी देवता हिमालय के घर पधारते रहे और मैना के पूछने पर देवर्षि नारद उनकी जिज्ञासा को शांत करने के लिए सभी देवताओं का परिचय देते रहे। साथ-ही-साथ देवर्षि नारद ने मैना को यह भी बताया कि इनमें से कोई भी

भगवान् शिव नहीं हैं। सभी देवताओं के रूप-सौंदर्य को देखकर मैना मन-ही-मन बहुत प्रसन्न थी कि अवश्य ही उनकी पुत्री पार्वती को अलौकिक रूप-सौंदर्य से युक्त वर की प्राप्ति होगी!

उसी समय मैना के अभिमान को चूर करने के विचार से भगवान् शिव अनोखे रूप में सबके सामने आए। भगवान् शिवजी के पाँच मुख तथा प्रत्येक मुख पर तीन-तीन नेत्र थे। सिर पर जटाओं का मुकुट तथा गले में सर्पों की मालाएँ थीं। उनके दस हाथ तथा सभी हाथ पिनाक, त्रिशूल एवं अन्य अस्त्र-शस्त्रों से सुशोभित हो रहे थे। शिव के अत्यंत भयंकर रूप को देखकर मैना को बहुत दुःख हुआ। वे अपने होनेवाले दामाद को इस रूप में देखना नहीं चाहती थीं। मैना शिव के भयंकर रूप को देखकर इतनी डर गईं कि उनके हाथ से पूजा की थाली छूट गई और वह अपनी पुत्री पार्वती से बोलीं, 'पुत्री, मैं तुम्हें लेकर या तो पर्वत के नीचे छलाँग लगा लूँगी या आत्मदाह कर लूँगी। मुझे समुद्र में कूदकर मृत्यु को गले लगाना स्वीकार है, किंतु इस विचित्र देवता के साथ तुम्हारा विवाह कभी स्वीकार नहीं है।'

भगवान् शिव का उद्देश्य तो मैना के अभिमान को नष्ट करने का था और वे अपने इस उद्देश्य को पूरा करने में सफल रहे। शिव तो दयालु हैं। उन्हें मैना के ऊपर दया आ गई। उन्होंने उन्हें करोड़ों कामदेवों के सौंदर्य को लज्जित करनेवाले अपने अलौकिक रूप के दर्शन करा दिए। भगवान् शिव के अलौकिक रूप को देखकर मैना दामाद के रूप में उन्हें पाकर अपने को सौभाग्यशाली समझ रही थीं।

इसके बाद शुभ मुहूर्त देखकर गंगाचार्य के आदेशानुसार शिव-पार्वती का विवाह बहुत ही धूमधाम से हो गया। भगवान् शिव पार्वतीजी के साथ कैलास वापस आ गए और प्रसन्नतापूर्वक रहने लगे।

कार्तिकेय का जन्म

पार्वतीजी के आने से कैलास और भी सुंदर एवं रमणीय हो गया। एक समय की बात है कि पार्वतीजी सरोवर के किनारे गईं। वहाँ उन्होंने छह कृत्तिकाओं को कमल के पत्ते पर जल ले जाते हुए देखा। उन कृत्तिकाओं को देखकर पार्वती ने उनसे कहा, 'हे देवियो! यदि तुम्हें कोई कष्ट न हो तो अपने जल में से थोड़ा सा जल मुझे भी दे दो!'

उनकी बात सुनकर कृत्तिकाएँ बोलीं, 'यदि आप हमसे जल लेना ही चाहती हैं तो आपको हमारी एक शर्त माननी पड़ेगी। जो शिशु आपके गर्भ में पल रहा है, उसके जन्म लेने के उपरांत उस पर हमारा भी वही अधिकार होगा, जो आपका है। यदि आपको हमारी यह शर्त स्वीकार है तो आप हमसे जल ले सकती हैं!'

पार्वती ने उन कृत्तिकाओं को वचन दे दिया कि आप जैसा चाहती हैं वैसा ही होगा। उनसे वचन लेकर कृत्तिकाएँ बहुत प्रसन्न हुईं और उन्हें जल पिला दिया। कृत्तिकाओं द्वारा दिए गए जल को पीते ही पार्वतीजी के गर्भ से एक अलौकिक शिशु ने जन्म लिया। उस शिशु के छह मुख थे। उसके हाथ शूल, शक्ति और अंकुश से सुशोभित हो रहे थे। सरकंडों के वन में जन्म के बाद उस शिशु का लगातार विकास होना प्रारंभ हो गया। अपने छह मुखों से वह शिशु छहों कृत्तिकाओं का दूध पीता था। उस बालक का पालन-पोषण एक माता के

समान ही वे कृत्तिकाएँ करती थीं। कृत्तिकाओं के नाम से जानी जानेवाली देवियों ने उस बालक का पालन-पोषण किया था, इसलिए उसका नाम 'कार्तिकेय' पड़ गया। कार्तिकेय को देवताओं ने भी अनेक अस्त्र-शस्त्र प्रदान किए और श्रद्धा तथा भक्ति के साथ उनकी पूजा भी की।

इसके बाद सभी देवता एकत्र होकर भगवान् शिव के पास गए और प्रार्थना करने लगे, 'हे प्रभो! हमारे दु:खों को दूर करने की कार्तिकेय को आज्ञा दीजिए।'

देवताओं की बात सुनकर भगवान् शिव ने कार्तिकेय को देवताओं की सेना का सेनापति बनाकर उनके साथ भेज दिया। इंद्रदेव ने तारकासुर के पास अपना दूत भेजकर कहलवाया, 'इंद्रदेव अपनी सेना लेकर तुमसे युद्ध करने के लिए आ रहे हैं। तुम अपने जीवन को बचाने के लिए यदि कुछ कर सकते हो तो कर लो!'

कुछ ही समय के बाद देव-सेना के साथ कार्तिकेय ने तारकासुर के नगर को चारों ओर से घेर असुरों से भयंकर युद्ध करना प्रारंभ कर दिया। तारकासुर ने अपने सामने बालक कार्तिकेय को देखकर कहा, 'तुम एक छोटे बालक हो, तुम्हारी अवस्था तो अभी खेलने की है, युद्ध करने की नहीं। फिर तुम किस कारण से अपने जीवन को संकट में डालकर हमसे युद्ध करने आए हो? युद्ध करना तुम जैसे छोटे बालक का काम नहीं है।'

कार्तिकेय तारकासुर की बातें सुनकर बोले, 'हे राक्षसराज! आप मुझे छोटा बालक समझकर मेरा अपमान न करें तो अच्छा है। जिस प्रकार साँप का छोटा बच्चा भी बड़े व्यक्ति की जान लेने की शक्ति रखता है, उसी प्रकार मुझे लगता है कि तुम्हारे वध का समय आ गया है और तुम्हारी मृत्यु मेरे द्वारा ही होगी।'

कार्तिकेय द्वारा युद्ध की ललकार सुनकर तारकासुर ने उन पर गदा फेंककर जोर से प्रहार किया। किंतु कार्तिकेय ने बड़ी ही बुद्धिमानी से अपने चक्र से उस गदा को बीच में रोक दिया। जितने भी अस्त्र-शस्त्र का प्रयोग राक्षस युद्ध में कर रहे थे, उन सबको कार्तिकेय नष्ट कर दे रहे थे। कार्तिकेय ने असुरों की सारी

सेना को तहस-नहस कर दिया। संपूर्ण युद्ध-भूमि असुरों के रक्त से लहूलुहान हो गई।

अंत में अपनी अमोघ अस्त्र शक्ति से कार्तिकेय ने तारकासुर पर प्रहार किया। वह अमोघ अस्त्र शक्ति तारकासुर की छाती में जाकर लगी और दुष्ट तारकासुर का मृत शरीर कटे वृक्ष के समान भूमि पर गिरकर मृत्यु को प्राप्त हो गया।

इस प्रकार कार्तिकेय ने संपूर्ण पृथ्वी को तारकासुर के अत्याचारों से मुक्ति दिलाई। सभी देवगण प्रसन्नता से कार्तिकेय की जय-जयकार करने लगे।

गणेशजी की उत्पत्ति

एक समय की बात है, देवी पार्वती स्नान कर रही थीं, तभी महल में प्रवेश करने की इच्छा से भगवान् शिव वहाँ पर आ गए। शिव को वहाँ पर देखकर पार्वतीजी अपनी सखियों के सामने बहुत लज्जित हुईं। अपनी दो सखियों जया और विजया की सलाह मानकर पार्वती ने अपने शरीर पर किए गए चंदन के लेप से एक बालक का निर्माण किया। वह बालक बहुत ही सुंदर, शक्तिशाली और अनेक गुणों से युक्त था। माता पार्वती ने अपने द्वारा निर्माण किए गए पुत्र को आशीर्वाद देकर कहा, 'आज से तुम मेरे पुत्र हो और तुम्हारा नाम 'गणेश' है। आज से मैं तुम्हें द्वारपाल की जिम्मेदारी सौंपती हूँ। मेरी आज्ञा के बिना तुम किसी को भी अंदर नहीं आने दोगे। फिर चाहे वे तुम्हारे पिता शिव ही क्यों न हों!'

इस प्रकार गणेशजी ने सिर हिलाकर माता पार्वती की आज्ञा शिरोधार्य कर ली। पार्वती ने द्वारपाल की जिम्मेदारी सौंपते हुए गणेश को एक दंड दिया। गणेश ने उसी क्षण से पहरा देने का कार्यभार सँभाल लिया। तब पार्वती स्नान करने चली गईं।

महल में प्रवेश करने की इच्छा से भगवान् शिवजी द्वार पर आए। वे पुत्र गणेश के विषय में बिलकुल अनभिज्ञ थे। गणेशजी ने भगवान् शिव का रास्ता रोकते हुए कहा, 'मेरी माताजी इस समय स्नान कर रही हैं। उनकी आज्ञा के

बिना आप महल में प्रवेश नहीं कर सकते। आप यहीं पर रुककर मेरी प्रतीक्षा कीजिए, तब तक मैं उनकी आज्ञा लेकर आता हूँ। इतना कहकर गणेशजी ने द्वार पर दंड लगाकर भगवान् शिव का रास्ता रोक दिया।

बालक गणेश को इस प्रकार हठ करते देखकर शिवजी ने अपने गणों को आदेश दिया कि 'जाओ और पता लगाओ कि यह बालक किस कारण मेरा रास्ता रोक रहा है? और यह बालक किसका पुत्र है?'

कुछ ही देर में शिवगणों ने वापस आकर उनसे कहा, 'यह बालक स्वयं माता पार्वती का पुत्र गणेश है और अपनी माता की आज्ञा के बिना यह किसी को महल में प्रवेश करने नहीं देगा।'

अपने गणों की बात सुनकर शिवजी बहुत क्रोधित हुए और डाँटते हुए आज्ञा दी, 'तुम सब मूर्ख हो! एक छोटे से बालक के सामने तुम लोग विवश हो गए! यह बालक तुरंत द्वार से हट जाना चाहिए, इसके लिए तुम्हें चाहे कुछ भी करना पड़े।'

शिवजी की आज्ञा का पालन करते हुए समस्त शिवगण अस्त्र-शस्त्रों से सजकर बालक गणेश से युद्ध करने के लिए तैयार हो गए। शिवगणों एवं गणेश के बीच घमासान युद्ध हुआ। शिवगण गणेश की शक्ति के सामने स्वयं को बहुत ही असहाय और बेबस अनुभव करने लगे। शिवगणों को गणेश की शक्ति के सामने पराजित होकर युद्ध का मैदान छोड़कर भागना पड़ा; क्योंकि उनके पास अपनी जान बचाने के लिए और कोई दूसरा रास्ता नहीं था। शिवगणों के समान देवता भी गणेश से युद्ध करने आए और उन्हें भी पराजित होना पड़ा। कार्तिकेय ने जिन अस्त्र-शस्त्रों के प्रयोग से तारकासुर का वध किया था, वे सब भी गणेश की शक्ति के सामने बेकार हो गए। स्वयं भगवान् शिव भी अपने पिनाक और त्रिशूल से गणेश का कुछ भी अहित न कर सके। इसके बाद विष्णुजी युद्ध के लिए मैदान में आए और गणेश के साथ उन्होंने घमासान युद्ध किया। जिस सयम गणेश भगवान् विष्णु के साथ बड़ी ही वीरता से युद्ध कर रहे थे, तब भगवान् शिव ने अवसर का लाभ उठाकर अपने शूल से प्रहार करके पार्वती के पुत्र और महान् योद्धा गणेश का सिर काट दिया।

जब पार्वतीजी को गणेश की मृत्यु का समाचार मिला तो वे बहुत दुःखी हुईं; क्योंकि उनके पुत्र ने उनकी आज्ञा का पालन करते हुए युद्धभूमि में वीरगति प्राप्त की थी। माता पार्वती ने क्रोधित होकर अनंत शक्तियों को उत्पन्न करके संपूर्ण सृष्टि का संहार करने की आज्ञा दे दी। संहार का प्रभाव इतना भयंकर था कि सभी ऋषि-मुनि और देवता भय के कारण काँपने लगे। अंत में सभी देवता एकत्र होकर माता पार्वती की शरण में आए और उनसे प्रार्थना की। पार्वतीजी बोलीं, 'सृष्टि का संहार तभी रुक सकता है, जब मेरे पुत्र गणेश को पुनः जीवन-दान मिलेगा और गणेश को सभी देवताओं में सबसे ऊँचा स्थान मिलेगा।'

शिवगण तुरंत भगवान् शिव के पास गए और माता पार्वती द्वारा सृष्टि का संहार करने की बात से उन्हें अवगत कराया। गणों की बात सुनकर भगवान् शिव बोले, 'हमें अति शीघ्र उत्तर दिशा की ओर प्रस्थान करना है। हमें जो भी प्राणी सबसे पहले दिखाई दे, उसका सिर काटकर गणेश के शरीर से जोड़ देना चाहिए।'

देवता अति शीघ्र गए और सबसे पहले मिले हाथी का सिर काटकर ले आए तथा उसे गणेश के शरीर के साथ जोड़ दिया। उसके बाद देवताओं ने वेद मंत्रों का उच्चारण करते हुए अभिमंत्रित जल को गणेश के शरीर पर छिड़क दिया। जल छिड़कने के साथ ही गणेश ने अपनी आँखें खोल दीं, मानो वे गहरी नींद से सोकर उठे हों।

अपने पुत्र को जीवित देखकर पार्वती बहुत प्रसन्न हुईं। तब से लेकर गणेशजी को देवताओं में सर्वोत्तम स्थान प्राप्त हो गया।

त्रिपुर-दाह

विद्युन्माली, तारकाक्ष, कमलाक्ष–ये तीनों तारकासुर के पुत्र थे। तारकासुर देवताओं का सबसे बड़ा शत्रु था। तारकासुर का वध भगवान् शिव के पुत्र कार्तिकेय ने किया था। जब इस बात का पता तारकासुर के तीनों पुत्रों को चला तो उन्हें बहुत दुःख हुआ। उन्होंने सभी सुख-सुविधाओं को त्याग दिया तथा मेरु नाम के पर्वत पर जाकर कठिन तपस्या करने लगे, जिससे ब्रह्माजी को प्रसन्न कर सकें। तीनों भाइयों ने सैकड़ों वर्षों तक तपस्या की। अंत में उनकी तपस्या से प्रसन्न होकर ब्रह्माजी प्रकट हुए और उनसे कहा, 'मैं तुम तीनों भाइयों की कठिन तपस्या से बहुत प्रसन्न हूँ। तुम अपनी इच्छा से कोई भी वरदान माँग लो!'

ब्रह्माजी के साक्षात् दर्शन पाकर तीनों देवता बहुत प्रसन्न हुए और दंडवत् प्रणाम करके बोले, 'भगवन्! यदि आप हमारी तपस्या से प्रसन्न हैं तो हमें अमरत्व का वरदान दीजिए, जिससे हमारी कभी मृत्यु न हो। यमराज भी हमें छूने का साहस न कर सकें।'

असुरों की बात सुनकर ब्रह्माजी ने अपनी विवशता प्रकट करते हुए कहा, 'देखो असुरो, अमरत्व का वरदान इस नश्वर संसार में किसी को भी नहीं दिया जा सकता। इसलिए आप लोग अमरत्व को छोड़कर कोई दूसरा वरदान माँग लो।'

ब्रह्माजी की बात सुनकर असुरों ने कहा, 'भगवन्! यद्यपि हम असुर बहुत

शक्तिशाली हैं, किंतु फिर भी हमारे पास कोई ऐसा सुरक्षित स्थान नहीं है, जहाँ हम निर्भय होकर जीवन बिता सकें। इसलिए हमारा आपसे निवेदन है कि आप हमारे लिए ऐसे तीन नगरों का निर्माण करा दें, जहाँ देवता भी प्रवेश न कर सकें और उन्हें कोई भेद न सके।'

विद्युन्माली ने लोहे का, तारकाक्ष ने सोने का, कमलाक्ष ने चाँदी के बने हुए बहुत विशाल नगर की माँग की। इसके बाद तीनों असुर-पुत्रों ने कहा, 'भगवन्! ये तीनों नगर दोपहर के समय एक निश्चित मुहूर्त में चंद्रमा के पुष्य नक्षत्र में स्थित होने के कारण एक स्थान पर मिलें और आसमान में बादलों पर स्थित होकर ये क्रमशः एक के ऊपर एक रहते हुए लोगों की दृष्टि से छिपे रहें। इन तीनों नगरों का भेदन शिवजी के अतिरिक्त कोई भी न कर सके।'

ब्रह्मा ने तीनों असुर-पुत्रों को ऐसे नगर देने का वरदान दे दिया। इसके साथ ही ब्रह्माजी ने मय दानव को असुर-पुत्रों की आवश्यकता के अनुसार ही नगर का निर्माण करने की आज्ञा दे दी। मय दानव ने ब्रह्माजी की आज्ञा का पालन करते हुए अपने तपोबल से तीन विचित्र नगरों का निर्माण कर दिया। उन नगरों में तारकासुर के पुत्रों ने प्रसन्नता से रहना प्रारंभ कर दिया।

इसके बाद उन असुरों को अपनी शक्ति पर इतना अभिमान हो गया कि उन्होंने देवताओं से युद्ध प्रारंभ कर दिया। इस युद्ध में देवता पराजित हो गए। असुरों ने देवताओं को पराजित करके तीनों लोकों पर अपना अधिकार जमा लिया। इन असुरों के अत्याचार दिन-प्रतिदिन बढ़ने लगे। असुरों के द्वारा सभी पवित्र स्थानों को नष्ट कर दिया गया, जिसके परिणामस्वरूप धर्म की हानि होने लगी और अधर्म बढ़ने लगा। इन असुर-पुत्रों के अत्याचारों से सभी ऋषि-मुनि और देवता अत्यंत दुःखी हो गए और घबराकर भगवान् शिव के पास गए। देवताओं के साथ विष्णुजी और ब्रह्माजी भी थे। सभी ने मिलकर असुरों के अत्याचारों से मुक्ति दिलाने के लिए भगवान् शिव से प्रार्थना की।

भगवान् शिव अत्यंत ही दयालु हैं। उन्होंने देवताओं को असुरों के अत्याचारों

से मुक्ति दिलाने का वचन दे दिया। इसके बाद उन्होंने विश्वकर्मा को आदेश दिया कि वे एक 'सर्वदेवमय रथ' का निर्माण करें। ब्रह्माजी ने विश्वकर्मा द्वारा बनाए गए 'सर्वदेवमय रथ' में वेद रूपी अश्वों को जोत दिया। और उस रथ को भगवान् शिव को भेंट कर दिया। भगवान् शिव के अलौकिक धनुष और बाणों को भी उस रथ में रखा गया। ब्रह्माजी ने उस अलौकिक रथ को चलाने के लिए सारथि का काम किया। भगवान् शिव उस सर्वदेवमय अलौकिक रथ पर सवार होकर उस स्थान पर पहुँच गए, जहाँ त्रिपुर का निर्माण किया गया था। दुर्भाग्य से वे तीनों पुर (नगर) एक सीध में आ गए। भगवान् शिव के लिए यह समय बहुत अनुकूल था। इसलिए उन्होंने एक क्षण भी नष्ट करना उचित नहीं समझा और अपने धनुष पर 'पाशुपतास्त्र' नाम का अलौकिक बाण चढ़ाकर छोड़ दिया। उस एक ही बाण ने तारकासुर के तीनों पुत्रों को समाप्त कर दिया। तीनों असुरों के अंत के साथ ही देवता प्रसन्न हो गए और भगवान् शिव की जय-जयकार करने लगे।

शिवजी की उपासना

एक समय ऐसा था जब असुरों की शक्ति इतनी अधिक बढ़ गई थी कि वे देवताओं पर भी अत्याचार करने लगे। धर्म की सब जगह हानि होने लगी और अधर्म चारों ओर बढ़ने लगा। सभी देवता असुरों के अत्याचारों से दु:खी होकर भगवान् विष्णु की शरण में गए और अपने आने का कारण विष्णुजी के सामने प्रकट किया। देवगण बोले, 'भगवन्! हम सब इस समय असुरों के अत्याचारों से बहुत दु:खी हैं। गुरु शुक्राचार्य के नेतृत्व में ये असुर अपने तपोबल की शक्ति से और भी अधिक शक्तिशाली हो गए हैं। इन असुरों की शक्ति के सामने हम बहुत ही बेबस और लाचार हैं। उन्होंने हमें बुरी तरह पराजित करके स्वर्ग पर भी अपना अधिकार जमा लिया है। भगवन्, आपको 'देवताओं का रक्षक' कहा जाता है। हम सब इस समय आपकी शरण में आए हैं। कृपया हमारी रक्षा करके हमें असुरों के अत्याचारों से मुक्ति दिलाएँ।'

देवताओं की बात सुनकर भगवान् विष्णु ने कहा कि 'भगवान् शिव ही हम सबकी रक्षा करनेवाले हैं। उनके आशीर्वाद से मैं धर्म की स्थापना और राक्षसों का नाश करता हूँ। आप सबके दु:खों को दूर करने के लिए मुझे भी भगवान् शिव की प्रार्थना करनी पड़ेगी। मुझे विश्वास है कि शिवजी आप सबके दु:खों को दूर करने के लिए कुछ-न-कुछ अवश्य करेंगे।'

इस प्रकार भगवान् विष्णु देवताओं को आश्वासन देकर कैलास पर्वत पर गए

और शिवजी की प्रार्थना प्रारंभ कर दी। विष्णुजी भगवान् शिव के सहस्र नामों का जाप करते हुए प्रत्येक नाम का उच्चारण करते समय एक-एक कमल का फूल भी उन्हें भेंट करते।

एक दिन भगवान् शिव के मन में विचार आया कि भगवान् विष्णु की परीक्षा लेनी चाहिए।

प्रतिदिन की तरह ही उस दिन भी भगवान् विष्णु एक सहस्र कमल के फूल भगवान् शिव के चरणों में भेंट करने के लिए लाए थे। शिवजी ने विष्णुजी की भक्ति की परीक्षा लेने के उद्देश्य से एक कमल का फूल कहीं छिपा दिया। भगवान् शिव की इस माया का विष्णुजी को पता नहीं चला और फूल अर्पण करते समय जब इस बात का अहसास हुआ कि एक कमल का फूल कम है तो उन्होंने उस फूल को खोजना प्रारंभ कर दिया। भगवान् विष्णु को इस बात का आश्चर्य था कि जब वे गिनती करके एक सहस्र फूल लाए थे तो एक फूल कम कैसे हो गया? पृथ्वी के हर कोने-कोने में खोजने के बाद भी विष्णुजी को वह कमल का फूल नहीं मिला तो उन्होंने अपना एक नेत्र निकालकर भगवान् शिव के चरणों में अर्पित कर दिया।

विष्णुजी की इस भक्ति से भगवान् शिव बहुत प्रसन्न हुए और साक्षात् दर्शन देकर बोले, 'विष्णुजी, मैं आपकी अनन्य भक्ति से अति प्रसन्न हूँ। आप अपनी इच्छा से कोई भी वरदान माँग लें।'

भगवान् विष्णु ने कहा, 'महेश्वर, आप स्वयं ज्ञानी हैं, सबके मन की बात जानते हैं। यदि आप मेरे द्वारा ही कहलवाना चाहते हैं तो सुनिए, इस समय सारा संसार असुरों के अत्याचारों से पीड़ित है। चारों ओर त्राहि-त्राहि मच रही है। धर्म का नाश हो रहा है और अधर्म बढ़ता जा रहा है। इसलिए धर्म की उन्नति और अधर्म के नाश के लिए यह आवश्यक है कि राक्षसों का वंश नष्ट कर दिया जाए! मेरे सारे अस्त्र-शस्त्र राक्षसों का विनाश करने में असमर्थ हैं। हे प्रभु! ऋषि-मुनियों और देवताओं के कल्याण के लिए मैं आपकी शरण में आया हूँ!'

भगवान् विष्णु की बात सुनकर शिवजी ने अपना सुदर्शन चक्र उन्हें भेंट कर

दिया। इसी सुदर्शन चक्र द्वारा विष्णुजी ने राक्षसों का वध करके ऋषि-मुनि और अनेक देवताओं को उनके अत्याचारों से मुक्ति दिलाई। असुरों के वध के उपरांत ही देवताओं ने सुख की साँस ली। भगवान् विष्णु भी सुदर्शन चक्र के रूप में एक दिव्यास्त्र प्राप्त करके बहुत प्रसन्न थे।

किरात के रूप में अवतार

एक बार मूक नाम के एक असुर ने जंगली सूअर का रूप धारण करके अर्जुन (पांडव) पर प्राणघातक आक्रमण किया था। उस समय भगवान् शिव ने किरात के रूप में अवतार लिया और अर्जुन के प्राणों की रक्षा की।

भगवान् शिव को प्रसन्न करने के लिए अर्जुन ने सूर्य की ओर मुख कर एक पैर पर खड़े होकर स्थिर मन से अनेक मंत्रों का उच्चारण करते हुए कठोर तपस्या की। समस्त देवताओं ने जब अर्जुन को कठिन तपस्या करते हुए देखा तो वे सब इकट्ठे होकर भगवान् शिव के पास आकर बोले, 'हे प्रभु! अर्जुन आपकी भक्ति में इतना लीन है कि कठोर तप का जीवन बिता रहा है। इसलिए अब समय आ गया है कि आप उसकी मनोकामना पूरी करें और इच्छित फल प्रदान करें।'

देवताओं की बात सुनकर भगवान् शिव ने उन्हें आश्वासन देते हुए कहा, 'जैसा आप लोग चाहते हैं, मैं वैसा ही करूँगा। इसलिए आप सब अपने-अपने लोक वापस लौट जाएँ।'

जैसे ही सब देवता अपने-अपने लोकों को वापस लौटे, तभी 'मूक' नाम का एक असुर जंगली सूअर का रूप धारण करके आया और अर्जुन की ओर हुंकार भरते हुए बढ़ने लगा। उस असुर को दुर्योधन ने अर्जुन को मारने के लिए भेजा था। वह जंगली सूअर बहुत ही भयंकर था। वह बड़े-बड़े वृक्षों और पर्वतों को

उखाड़ते हुए बहुत ही भयानक रूप में अर्जुन की ओर बढ़ रहा था। अर्जुन ने जब उस सूअर को अपनी ओर आते हुए देखा तो उसे गुरु द्रोणाचार्य की कही बात याद आ गई। द्रोणाचार्य ने कहा था कि यदि तुम्हें कोई हानि पहुँचाने की कोशिश करे तो तुम्हें उसका वध कर देना चाहिए। अर्जुन को जैसे ही अपने गुरु की बात याद आई, वे तुरंत धनुष पर बाण चढ़ाकर युद्ध करने को तत्पर हो गए।

इसी बीच जंगली सूअर से अर्जुन की रक्षा करने के लिए स्वयं भगवान् शिव भी वहाँ पर आ गए। शिव ने देखा कि जंगली सूअर की भयंकर हुंकार से दसों दिशाएँ गूँज रही थीं। इसलिए शिवजी ने धनुष पर बाण चढ़ाया और जंगली सूअर का लक्ष्य कर छोड़ दिया। शिव द्वारा छोड़े गए बाण ने सूअर के पुच्छ भाग में प्रवेश किया और मुख के रास्ते से बाहर निकलकर न जाने भूमि में कहाँ विलीन हो गया! और अर्जुन द्वारा छोड़ा बाण जंगली सूअर के मुख में प्रवेश करके पुच्छ भाग से निकलकर पास में ही भूमि पर गिर गया। अर्जुन और शिव के तीव्र बाणों द्वारा जंगली सूअर की मृत्यु हो गई, जिसे देखकर सभी देवता अत्यंत प्रसन्न हुए।

जब भगवान् शिव ने सूअर को मरा हुए देखा तो उन्होंने अपने गणों को आदेश दिया कि वे उनका बाण उठाकर वापस लाएँ। उधर अर्जुन भी अपना बाण लेने के लिए उसी स्थान पर आ गए, जहाँ पर जंगली सूअर मरा हुआ पड़ा था। अर्जुन ने जैसे ही अपने बाण को उठाया, तभी शिव के गणों ने अर्जुन को रोकते हुए कहा कि 'मुने! यह बाण हमारा है। कृपया आप इसे छोड़ दें। इस बाण को उठाने का आपको कोई अधिकार नहीं है।'

उनकी बातें सुनकर अर्जुन को बहुत क्रोध आया और वे बोले, 'यह बाण मैंने ही छोड़ा था। तुम बेकार में ही इस बाण पर अपना अधिकार जता रहे हो। देखो, इस बाण के पिछले भाग पर मेरा नाम भी लिखा हुआ है। इसलिए इस बाण पर तुम अपना अधिकार जताना बंद करो।'

अर्जुन की बात सुनकर एक शिवगण हँसकर बोला, 'मुने, मुझे लगता है कि तुम कोई ढोंगी तपस्वी हो। तपस्वी कभी भी झूठ नहीं बोलता और तुम इस बाण

को लेने के लिए झूठ बोल रहे हो! तपस्वी कभी भी किसी के साथ छल नहीं करता। मैं यहाँ पर अकेला नहीं हूँ। मेरे स्वामी अपनी सेना के साथ कुछ ही दूरी पर बैठे हैं। मैं भी अपनी सेना का सेनापति हूँ। मैं किसी से नहीं डरता। जो बाण तुमने अभी यहाँ से उठाया है, वह मेरे स्वामी ने तुम्हारी रक्षा के लिए ही चलाया था, ताकि यह जंगली सूअर तुम्हारा कुछ भी अहित न कर सके। मैं तुम्हें फिर से चेतावनी देता हूँ कि इस बाण के ऊपर अपना अधिकार दिखाना बंद करो। यदि ये बाण तुम्हें अच्छे लगते हैं तो तुम मेरे स्वामी से जाकर माँग लो। मेरे स्वामी बहुत दयालु हैं। वे ऐसे असंख्य बाण तुम्हें दे सकते हैं। परंतु इस प्रकार दूसरे के बाण पर अधिकार जताकर उसे हथियाने का प्रयास करना सर्वथा अनुचित है।'

शिवगण की बातें सुनकर अर्जुन को बहुत क्रोध आया और वे बोले, 'अरे वन में भ्रमण करनेवाले भील! अब तुम मेरी बात को ध्यान से सुनो! अब तुम जाओ और अपने स्वामी को मेरे सामने लेकर आओ। तुमसे बात करना भी बेकार है। मैं तुम्हारे स्वामी को ही बताऊँगा कि उचित क्या है और अनुचित क्या! तुम्हारे साथ युद्ध करना मेरे लिए अपमान की बात है; क्योंकि गीदड़ के साथ युद्ध करना शेर को शोभा नहीं देता और वह हँसी का पात्र बन जाता है।'

वह शिवगण भगवान् शिव के पास आया और उन्हें सारी घटना से अवगत कराया। इस घटना के विषय में जानकर शिवजी को बहुत आश्चर्य हुआ और वे तुरंत अर्जुन से मिलने के लिए उनके पास आ गए।

अर्जुन ने एक किरात को अपनी सेना के साथ अपनी ओर आते हुए देखा तो वे भी अपना धनुष-बाण लेकर युद्ध करने के उद्देश्य से सावधान होकर खड़े हो गए।

किरात और उसकी सेना के बीच बहुत ही घमासान युद्ध हुआ। अर्जुन ने मन-ही-मन भगवान् शिव को स्मरण किया और किरात के पैर पकड़कर हवा में घुमाना प्रारंभ कर दिया। तब शिवजी ने हँसते हुए अर्जुन को अपने वास्तविक रूप में दर्शन दिए। भगवान् शिव के साक्षात् दर्शन पाकर अर्जुन बहुत प्रसन्न हुए और क्षमा माँगते हुए भगवान् शिव के चरणों में गिर पड़े।

अर्जुन ने शिव से कहा, 'भगवन्! आप मुझ पर दया कीजिए और मेरे इस अपराध को क्षमा कीजिए। मैंने आपसे युद्ध करने की जो धृष्टता की है, उसके लिए बहुत ही लज्जित हूँ। मुझे धिक्कार है, जो मैंने यह पापयुक्त कर्म किया है।' इतना कहकर अर्जुन ने भगवान् शिव के चरणों में बार-बार प्रणाम किया।

अर्जुन की अनन्य भक्ति देखकर भगवान् शिव बहुत प्रसन्न हुए और बोले, 'देखो पुत्र, तुमने कोई अपराध नहीं किया है, इसलिए स्वयं को धिक्कारना बंद करो। मैं तुम्हारी परीक्षा लेना चाहता था, इसलिए तुम्हारे प्रहारों को मैंने अपनी पूजा समझ लिया है। इसलिए तुम्हें दु:खी होने की कोई आवश्यकता नहीं है। अब तुम अपनी इच्छा से कोई भी वरदान माँग लो।'

अर्जुन ने भगवान् शिव से कहा, 'भगवन! मेरी प्रार्थना है कि आप मुझ पर इसी प्रकार दया-दृष्टि बनाए रखें और मुझे इस लोक की परसिद्धि प्रदान कर अनुगृहीत कीजिए।'

अर्जुन की निस्स्वार्थ भक्ति-भावना से प्रसन्न होकर भगवान् शिव ने कहा, 'मैं तुम्हें एक अस्त्र भेंट करता हूँ, जिसका नाम 'पाशुपतास्त्र' है। यह अस्त्र अजेय है और इसकी सहायता से तुम भी 'अजेय' हो जाओगे।'

भगवान् शिव इतना कहकर अंतर्धान हो गए और अर्जुन भी प्रसन्न होकर अपने भाइयों के पास लौट आए।

विष्णु और ब्रह्मा को उपदेश

एक बार ब्रह्मा एवं विष्णु ने शिवजी के बाएँ व दाएँ खड़े होकर स्तुति की। भगवान् शिव उनकी स्तुति से प्रसन्न होकर बोले, 'आज के इस पवित्र दिन में आप दोनों ने मेरी पूजा की है, इससे मैं बहुत प्रसन्न हूँ। इस दिन का नाम आज से 'शिवरात्रि' होगा। जो शिवरात्रि के दिन छल-कपट से दूर रहकर मेरे लिंगेश्वर की पूजा करेगा, उसे एक वर्ष की निरंतर पूजा का फल मिलेगा और वह मुझे कार्तिकेय के समान ही प्रिय होगा। मेरे दर्शन मात्र से ही उस व्यक्ति को मोक्ष की प्राप्ति होगी।'

भगवान् शिव ने अपने पंचकृत्यों के विषय में ब्रह्मा और विष्णु को बताते हुए कहा, 'सृष्टि, स्थिति, संहार, तिरोभव, अनुग्रह : इन पाँच कृत्यों को चलाने के लिए ही मेरे पास पाँच मुख हैं। चारों दिशाओं में मेरे चार मुख हैं तथा एक मुख बीच में है, जिसे केवल विद्वान् ही जानते हैं। पाँचवें कृत्य अनुग्रह को कोई भी प्राप्त नहीं कर सका। मेरे 'ॐकार' नाम का मंत्र जपो। इसके जपने से तुम्हें कभी अभिमान नहीं होगा।' भगवान् शिव ने उत्तर की ओर मुख करके ब्रह्माजी और विष्णुजी को उपदेश दिया।

भगवान् शिव से उपदेश प्राप्त करके ब्रह्मा व विष्णु ने कहा, 'हे सर्वेश! पाँच मुखवाले, संसार को बनानेवाले आपको हमारा प्रणाम है!'

भगवान् शिव ने प्रसन्न होकर ब्रह्मा, विष्णु को संबोधित करके कहा, 'मेरे

द्वारा किए गए मंत्र का जप करके तुम्हें मेरे पद की प्राप्ति होगी। मेरे मंत्र ज्ञान देनेवाले और भाग्य-विधायक हैं।' इस प्रकार ब्रह्मा व विष्णु को उपदेश देकर भगवान् शिव अंतर्धान हो गए।'

रुद्राक्ष की महिमा

रुद्राक्ष भगवान् शंकर को अत्यंत प्रिय है। इसके धारण करने से या जपने से मनुष्य के सभी पाप धुल जाते हैं। रुद्राक्ष की महिमा स्वयं शंकरजी ने पार्वती को सुनाई थी। रुद्राक्ष की उत्पत्ति कब और कैसे हुई, इसका वर्णन करते हुए शिव ने पार्वती को बताया, 'बहुत समय पहले मैंने मन को एकाग्र करने के लिए सहस्रों वर्षों तक कठिन तपस्या की। तभी अचानक मुझे भय लगने लगा और मैंने अपनी आँखें खोल दीं। उस समय मेरी आँखों से आँसू की बूँदें गिरनी प्रारंभ हो गईं। उन्हीं बूँदों से गौड़ देश से लेकर मथुरा, अयोध्या, काशी, मलयाचल, सहस्र पर्वत आदि देशों में रुद्राक्ष के वृक्ष उत्पन्न हो गए। तभी से रुद्राक्ष की महिमा बहुत बढ़ गई।'

भगवान् शिव ने कहा कि 'ब्राह्मण, क्षत्रिय, वैश्य, शूद्र सभी वर्ण के लोगों को रुद्राक्ष धारण करना चाहिए। लाल, काले, सफेद, पीले रंग के रुद्राक्ष को बारी-बारी से धारण करना चाहिए। रुद्राक्ष की माला से जप करने से अच्छा फल मिलता है। गोल, चिकना, मजबूत, काँटेदार, मोटा रुद्राक्ष मुक्ति देने वाला तथा मनोरथ-सिद्धि में सहायक होता है।

'दिन में रुद्राक्ष धारण करने से रात के पाप और रात में धारण करने से दिन के सभी पाप नष्ट हो जाते हैं। रुद्राक्ष पहनकर 'ॐ नमः शिवाय' का जप करनेवाले प्राणी की अकाल मृत्यु नहीं होती। वह यमलोक को नहीं जाता और

निरोगी रहता है। तीन मुख का रुद्राक्ष मनुष्य को साधन सिद्ध करता है, विद्या में निपुणता देता है। चार मुखवाला रुद्राक्ष ब्रह्म रूप है। इसके पूजन करने से 'ब्रह्म-हत्या' का पाप भी नष्ट हो जाता है तथा धर्मार्थ की प्राप्ति होती है। फलाग्नि नाम का पंचमुखी रुद्राक्ष रुद्र रूप है। सभी रुद्राक्ष मोक्ष देनेवाले तथा इच्छा पूरी करनेवाले हैं। रुद्राक्ष चौदह मुख तक होते हैं, जो विभिन्न देवरूप हैं।'

भगवान् शिव को ये रुद्राक्ष अति प्रिय हैं, इसलिए सभी वर्णों तथा सभी आश्रमों के लोगों को, चाहे वह स्त्री हो या पुरुष, सभी को रुद्राक्ष धारण करना चाहिए।

नारद का अभिमान

एक बार हिमालय की गुफा में बैठकर नारदजी ने कठोर तप किया, जिसे देखकर इंद्र भी भयभीत हो गए कि कहीं नारद मेरा राज्य न छीन लें! इसलिए इंद्र ने कामदेव को बुलाकर कहा, 'मेरा राज्य तुम्हारे सहारे ही चल रहा है। हो सकता है कि नारदजी वरदान में मेरा राज्य ही माँग लें? तुमने बड़े-बड़े ऋषि-मुनियों की तपस्या भंग की है। हिमालय की गुफा में जहाँ नारद तप कर रहे हैं, वहाँ बाग-बगीचे बनाकर, अप्सराओं के कामवर्धक नृत्य द्वारा उनका तप भंग कर दो।'

इंद्र का आदेश पाकर कामदेव ने वैसा ही किया। किंतु अप्सराओं के नृत्य, गीत, संगीत का नारद पर कुछ भी प्रभाव न पड़ा; क्योंकि यही वह स्थान था जहाँ भगवान् शिव ने कामदेव को पहले जलाकर भस्म कर दिया था और रति के विलाप पर भगवान् शिव ने कामदेव को पुनः जीवित होने का वरदान दिया था। शिव ने कहा था कि जिस स्थान पर कामदेव जला है और जहाँ तक जलता हुआ दिखाई दे रहा है, वहाँ तक कामदेव की माया और उसके बाण काम नहीं करेंगे। यह वही स्थान था। यहाँ से कामदेव वापस इंद्र के पास लौट गया। शिव की माया के कारण यहाँ कामदेव के बाणों ने काम नहीं किया।

कुछ दिन के बाद जब नारद तपस्या से जागे तो उन्हें अपने काम पर विजय की बात याद आ गई और उनके मन में अभिमान पैदा हो गया। नारदजी अपनी

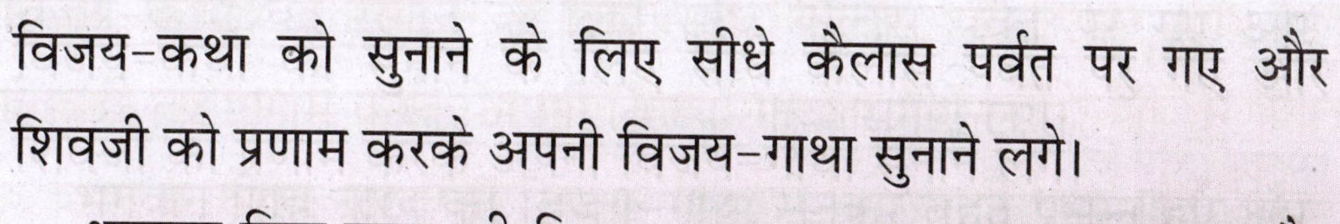

विजय-कथा को सुनाने के लिए सीधे कैलास पर्वत पर गए और शिवजी को प्रणाम करके अपनी विजय-गाथा सुनाने लगे।

भगवान् शिव नारद की विजय-गाथा सुनकर बहुत प्रसन्न हुए और बोले, 'हे नारद! तुम धन्य हो। इस प्रसंग को अन्य देवताओं के सामने मत कहना। विष्णु के सामने तो कभी मत कहना।' पर शिव की माया

को कौन टाल सकता है? नारदजी ने ब्रह्मलोक में जाकर ब्रह्माजी से और विष्णुलोक में जाकर विष्णुजी को सारी बातें बता दीं। ब्रह्मा ने भगवान् शिव का ध्यान करके पता लगा लिया कि शिवजी ने इस प्रसंग को बताने से नारद को मना किया है।

भगवान् शिव की कृपा से विष्णु ने एक नगर बनाया, जिसका राजा शैलनिधि था। जब नारदजी वहाँ पहुँचे तो शैलनिधि की कन्या का स्वयंवर हो रहा था। नारदजी उस कन्या के रूप-सौंदर्य को देखकर मोहित हो गए। उनके मन में विकार उत्पन्न हो गया और वे विष्णु के पास जाकर बोले, 'भगवन्! मुझे अपना रूप दे दीजिए, जिससे मैं शैलनिधि की पुत्री से विवाह कर सकूँ!'

विष्णुजी ने नारदजी को अपना रूप न देकर वानर का-सा मुख दे दिया, क्योंकि 'हरि' नाम वानर का भी है। इस प्रकार विष्णु झूठे भी नहीं बने और भक्त नारद की सहायता भी कर दी। नारदजी स्वयं को इंद्र के समान सुंदर समझकर प्रसन्न हो रहे थे। किंतु नारदजी का वानर का रूप केवल कन्या ने देखा। शिव के दो रुद्रगण भी इस रहस्य को समझ गए और हँसने लगे।

स्वयं विष्णुजी राजा के वेश में आए और कन्या को ब्याहकर ले आए। तब रुद्रगणों ने कहा कि 'नारदजी, आप काम-मोहित हो गए हैं। जरा दर्पण में देखिए, आपका मुख वानर का है।' जब नारद ने दर्पण में अपना मुख देखा तो रुद्रगणों को राक्षस बनने का शाप दे दिया। रुद्रगण भी शाप ग्रहण करके शिवलोक को लौट गए।

नारदजी ने शिव-माया को नहीं पहचाना और विष्णुजी को बहुत बुरा-भला कहा तथा शाप दे दिया कि, 'तुमने मुझे स्त्री का दुःख दिया है। तुम भी जब

मनुष्य रूप में राजा बनोगे तो मेरी ही तरह स्त्री का दुःख भोगोगे। और तुमने जो मेरा मुख वानर का किया है, इसलिए आवश्यकता पड़ने पर यही वानर ही तुम्हारी सहायता करेंगे।'

विष्णु ने शिव की कृपा से नारद के शाप को स्वीकार कर लिया।

शिव की माया का आवरण हटते ही विष्णु के साथ जो कन्या थी, वह अदृश्य हो गई और विष्णु तथा नारद दोनों वास्तविक रूप में आ गए। तब नारद को जैसे ही ज्ञान हुआ तो वह पश्चात्ताप करके विष्णु के चरणों में गिरकर क्षमा-याचना करने लगे।

विष्णु ने नारद को उठाकर गले से लगा लिया और बोले, 'देखो नारद, तुमने अभिमान के कारण शिवजी की आज्ञा का पालन नहीं किया, यह उसी का फल है। तुम चिंता मत करो। शिव के सौ नामों का प्रेमपूर्वक जप करो। ऐसा करने से तुम्हारे सभी पाप नष्ट हो जाएँगे।'

इस प्रकार विष्णु की सहायता से भगवान् शिव ने नारद के अभिमान को दूर कर दिया।

संध्या को वरदान

संध्या के जनमते ही उसके पिता ब्रह्मा के मन में विकार पैदा होने लगा, जिसके विषय में सोचकर संध्या को बहुत दुःख हुआ। वह मन-ही-मन सोचने लगी कि वह कितनी अभागिन है, जिसे देखकर पिता और भाई भी काम की इच्छा करते हैं! इसलिए उसने स्वयं इस पाप का प्रायश्चित्त करने के लिए तप करने का निर्णय ले लिया। संध्या के भाई वसिष्ठ ने उसे 'ऊँ नमः शंकराय' मंत्र का जप करने तथा तप करने के लिए प्रेरित किया।

वसिष्ठ के चले जाने पर संध्या ने आसन बिछाकर कठोर तपस्या की। संध्या की कठोर तपस्या से प्रसन्न होकर भगवान् शिव ने आकाश में स्थित होकर दर्शन दिए। संध्या ने प्रसन्न होकर जैसे ही अपने नेत्र बंद किए तो शिव ने उसके हृदय में प्रवेश करके दिव्य नेत्र एव दिव्य वाणी दी और बोले, 'भद्रे, तुम्हारे कठिन तप से मैं अत्यंत प्रसन्न हूँ। जो चाहे वरदान माँग लो!'

संध्या भगवान् शिव को बार-बार प्रणाम करके बोली, 'हे प्रभु! यदि मेरे पिछले पाप नष्ट हो गए हों तो मुझे यह वरदान देने की कृपा करें कि प्राणी पैदा होते ही कामी न बने। दूसरा वरदान दीजिए कि मेरा पति कामी न हो, मित्र-भाव से देखे; जो मुझे काम-भाव से देखने की कोशिश करे तो वह नष्ट हो जाए और नपुंसक हो जाए।'

भगवान् शिव ने संध्या को 'तथास्तु' कहकर उसे सभी वरदान दे दिए और

बोले, 'हे भद्रे! अब मैं मनुष्य की आयु को शैशव, कुमार, यौवन और वृद्ध इन चार भागों में बाँट देता हूँ। जन्म लेते ही कोई भी प्राणी कामी न बनेगा। केवल तीसरी अवस्था में ही प्राणी कामी होगा। तीनों लोकों में तू पतिव्रता नारी कहलाएगी। तेरे पति के अलावा यदि किसी ने तुझे काम-भावना से देखा तो वह उसी समय नपुंसक बन जाएगा।'

भगवान् शिव ने कहा कि 'हे भद्रे! तेरा अग्नि में भस्म होना तय है। मेघातिथि बारह वर्षों से यज्ञ कर रहे हैं। जैसे पति को पाने की तुम्हारी इच्छा हो, वैसा अपने मन में संकल्प लेकर उस अग्नि में प्रवेश कर जाओ। तुम फिर से तपस्या करोगी और त्रेता युग में दक्ष की कन्या के रूप में जन्म लेकर अपनी इच्छा के अनुरूप पति को प्राप्त करोगी।'

इसके बाद संध्या भगवान् शिव को बार-बार प्रणाम करती हुई पर्वत के नीचे गई और मेघातिथि के यज्ञ की अग्नि में प्रवेश कर गई।

सती विवाह

जब सती बड़ी हुईं तो दक्ष को उनके विवाह की चिंता सताने लगी। पिता की चिंता समझकर सती ने शिव को पति के रूप में प्राप्त करने की इच्छा प्रकट की। सती ने एक वर्ष तक अपने ही घर में भगवान् शिव की पूजा-अर्चना की।

ब्रह्मा और विष्णु दोनों मिलकर भगवान् शिव के पास गए और प्रणाम करके बोले, 'हमने तो स्त्री ग्रहण कर लीं। आप भी देवताओं की भलाई को ध्यान में रखते हुए कोई स्त्री ग्रहण कर लीजिए।'

ब्रह्मा और विष्णु की बात सुनकर शंकरजी बोले, 'मुझे विवाह करना ठीक नहीं लगता। मैं तो तपस्वी और विरक्त हूँ, इसलिए मुझे योग से ही प्रसन्नता मिलती है। यदि मैं अपने भक्तों पर कृपा करने के लिए विवाह करूँ भी तो तुम्हें मेरे लिए एक कामरूपिणी योगिन को इस प्रकार दीक्षित करना होगा कि वह मेरे तेज को सहन कर सके।'

ब्रह्मा और विष्णुजी शिव से बोले, 'पहले दो रूप धारण करनेवाली लक्ष्मी अब तीसरे रूप में 'उमा' नाम से प्रकट हुई हैं और दक्ष की पुत्री सती आपको पति के रूप में पाने के लिए कठोर तप कर रही हैं। हे महेश्वर! आप सती को वरदान दीजिए तथा उन्हें पत्नी के रूप में स्वीकार कीजिए।'

नंदा व्रत का अनुष्ठान करनेवाली सती को भगवान् शिव ने प्रसन्न होकर दर्शन दिए और वरदान माँगने को कहा। सती ने लज्जा से सिर झुकाकर भगवान्

शिव के चरणों में प्रणाम करके कहा, 'प्रभु, जो आपको अच्छा लगे, मुझे वही वरदान दीजिए।'

सती का वाक्य पूरा होने से पहले ही भगवान् शिव ने कहा, 'क्या तुम मेरी पत्नी बनोगी?'

भगवान् शिव के मुख से इस प्रकार के वाक्य सुनकर सती बहुत प्रसन्न हुईं और बोलीं, 'प्रभु, मेरे पिता के पास जाकर विधिपूर्वक मुझे स्वीकार कीजिए।'

सती के कहने पर भगवान् शंकर हिमालय पर गए और ब्रह्मा द्वारा दक्ष के पास विवाह का प्रस्ताव भेज दिया। सती को शिव जैसा पति मिलेगा, यह सोचकर दक्ष बहुत प्रसन्न हुए और सती एवं शिव के विवाह के लिए अपनी स्वीकृति दे दी।

दक्ष के द्वारा विवाह की स्वीकृति देने पर ब्रह्माजी शिव के पास आकर बोले, 'भगवन्, आपका कार्य अवश्य ही सिद्ध होगा। मेरे पुत्र दक्ष ने आपको अपनी कन्या देने का संकल्प किया है। आप शुभ मुहूर्त में दक्ष के घर पहुँचकर सती का पाणिग्रहण कीजिए। इसी में हम सबकी प्रसन्नता है।'

चैत्र शुक्ल त्रयोदशी को फाल्गुनी नक्षत्र में शिवजी ने वर-यात्रा के लिए प्रस्थान किया। शिव की वर-यात्रा में देवताओं और गणों ने बड़ा उत्सव मनाया। नंदीश्वर पर चढ़कर भगवान् शिव दक्ष के घर पधारे।

दक्ष ने विधि-विधान से भगवान् शिव की पूजा-अर्चना करके सती का कन्यादान कर दिया। सुंदरी भगवती सती का शिव ने पाणिग्रहण किया। सभी देव, किन्नर और मुनियों ने भगवान् शिव की स्तुति की। नृत्य-गान आदि के द्वारा शिव-सती विवाह का भारी उत्सव मनाया गया।

उपमन्यु और भगवान् शिव

व्याघ्रपाद मुनि के पुत्र का नाम उपमन्यु था। उपमन्यु ने पूर्वजन्म में ही सभी आध्यात्मिक सिद्धियाँ प्राप्त कर ली थीं। इस जन्म में उपमन्यु व्याघ्रपाद मुनि के पुत्र के रूप में उत्पन्न हुए। उपमन्यु के माता-पिता बहुत ही गरीबी में जीवन बीता रहे थे। इसलिए ये अपनी माता के साथ अपने मामा के घर रहते थे। मामा के घर भी उपमन्यु के साथ अच्छा व्यवहार नहीं किया जाता था। वहाँ भी उन्हें कोई प्यार नहीं करता था।

उपमन्यु को केवल उनकी माता ही प्यार करती थीं। रुखा-सूखा जो कुछ भी भोजन मिल जाता, उसे खाकर वे अपना जीवन बिता रहे थे। उपमन्यु की माता जी स्वयं भूखी रह जातीं, लेकिन अपने पुत्र की सभी आवश्यकताएँ पूरी करती थीं। । उपमन्यु भी अपनी माता जी से बहुत प्रेम करते थे और उनकी आज्ञा का पालन करते थे।

एक दिन उपमन्यु को कहीं से पीने के लिए दूध मिल गया। उन्हें दूध बहुत स्वादिष्ट लगा। उपमन्यु उस समय बहुत छोटे थे। वे घर आए और अपनी माँ से और दूध पीने की हठ करने लगे। उपमन्यु की माता उस समय तपस्विनियों के समान जीवन बिता रही थी। वे पुत्र को दूध कहाँ से पिलाए? पुत्र का हठ देखकर उन्हें बहुत दुःख हुआ। तभी उपमन्यु की माता ने कुछ बीज इकट्ठे किए और उन्हें पानी के साथ पीस लिया तथा कृत्रिम दूध तैयार करके उपमन्यु को पीने के लिए दे दिया।

उपमन्यु ने जब वह कृत्रिम दूध पिया तो उन्हें वह अच्छा नहीं लगा और वे अपनी माता से बोले, 'माँ उस दिन जो मैंने दूध पिया था, वह तो बहुत ही स्वादिष्ट था। किंतु जो आपने मुझे पीने के लिए दूध दिया है, यह उस दूध के समान स्वादिष्ट नहीं है?'

पुत्र की बात सुनकर उपमन्यु की माता जी बहुत दुखी हुईं; क्योंकि उस समय वे अपने आपको बहुत ही बेबस अनुभव कर रही थीं। उन्होंने उपमन्यु को सांत्वना देते हुए कहा, 'हे पुत्र, हम लोग बहुत ही गरीबी में जीवन बिता रहे हैं। दूध जैसी वस्तु को प्राप्त करना हमारे भाग्य में नहीं है। लेकिन तुम अपना दिल छोटा मत करो। इस संसार में यदि मनुष्य चाहे तो सबकुछ प्राप्त कर सकता है। भगवान् शिव आशुतोष हैं। उनकी कृपा से तुम दुर्लभ वस्तु भी बड़ी आसानी से प्राप्त कर सकते हो। यदि तुम दूध पीना चाहते हो तो भगवान् शिव की सच्चे हृदय से आराधना करो। भगवान् शिव तुम्हारी सभी इच्छाएँ पूरी करेंगे।'

उपमन्यु ने जब अपनी माँ की बात सुनी तो उन्होंने मन-ही-मन भगवान् शिव की उपासना करने का निश्चय कर लिया। अपनी माता से आज्ञा लेकर उपमन्यु हिमालय पर्वत पर तपस्या करने के लिए चले गए। उपमन्यु ने वहाँ आठ ईंटों का एक छोटा-सा मंदिर बनाया और उसमें भगवान् शिव और माता पार्वती की मूर्ति स्थापित कर दी। इसके बाद उपमन्यु भक्तिपूर्वक तपस्या करने में लीन हो गए। अपनी माता के कहे गए शब्दों का उपमन्यु पर ऐसा असर हुआ कि उनकी भगवान् शिव में अटल भक्ति हो गई और वे तपस्या के कठिन मार्ग पर चल पड़े।

उपमन्यु की भक्ति की शक्ति और कठिन तपस्या को देखकर तीनों लोक जलने लगे, जिससे समस्त देवता घबरा गए और व्याकुल होकर भगवान् शिव के पास चले गए। समस्त देवगणों ने मिलकर शिव से प्रार्थना की, 'हे प्रभो, हम उपमन्यु की कठिन तपस्या के तेज से बहुत ही व्याकुल हैं। उपमन्यु आपको प्रसन्न करने के लिए कठिन तप कर रहा है। हमारी आपसे प्रार्थना है कि आप उपमन्यु को साक्षात् दर्शन देकर उसकी इच्छा पूर्ण कीजिए, वरना हम उपमन्यु

की तपस्या के तेज से जलकर भस्म हो जाएँगे।'

उपमन्यु की भक्ति की परीक्षा लेने के लिए भगवान् शिव हिमालय पर्वत पर गए। भगवान् शिव ने देवराज इंद्र का, माता पार्वती ने शची का, और नंदी ने ऐरावत का रूप धारण कर लिया। इंद्र के वेश में भगवान् शिव ने उपमन्यु से वर माँगने के लिए कहा। उपमन्यु ने भगवान् शिव की अटल भक्ति की प्रार्थना की। उपमन्यु की परीक्षा लेने के लिए इंद्र बने भगवान् शिव ने स्वयं अपनी आलोचना करना प्रारंभ कर दिया। किंतु उपमन्यु अपने निश्चय पर अटल रहे और बार-बार भगवान् शिव में सच्ची भक्ति की प्रार्थना करते रहे।

इंद्र बने भगवान् शिव द्वारा बार-बार अपने आराध्य देव की निंदा किए जाने पर उपमन्यु अपने को रोकने में असमर्थ रहे। उपमन्यु का धैर्य छूट गया और उसने क्रोध में आकर भगवान् शिव पर अधोशास्त्र से आक्रमण कर दिया। लेकिन नंदी ने उस अधोशास्त्र को बीच में ही पकड़ लिया और भगवान् शिव के पास अधोशास्त्र को जाने से रोक लिया। इसके बाद क्रोध में आकर उपमन्यु ने योगाग्नि प्रकट की, ताकि उसमें स्वयं को जलाकर भस्म कर सके।

उपमन्यु के हठ के सामने भगवान् शिव को झुकना पड़ा और वे अपने असली रूप में आ गए। भगवान् शिव ने स्वयं अग्नि का शमन किया। उपमन्यु की सच्ची भक्ति से प्रसन्न होकर भगवान् शिव और पार्वती अपने वास्तविक रूप में आ गए।

भगवान् शिव ने उपमन्यु को आशीर्वाद देते हुए कहा, 'हम तुम्हारी भक्ति से अत्यंत प्रसन्न हैं और आज से मैं तुम्हारा पिता और पार्वती तुम्हारी माता हैं। आज से दूध, दही और मधु के सहस्त्रों समुद्र तुम्हें प्राप्त होंगे।' इसके अतिरिक्त भगवान् शिव ने उपमन्यु को अमरत्व का वरदान भी दिया और उपमन्यु को गणाध्यक्ष से सम्मानित किया।

मृत्यु पर विजय

मार्कण्डेय श्री मृकण्डु के पुत्र और महामुनि मृगश्रृंग के पौत्र थे। मार्कण्डेय की माता जी का नाम मरुद्वती था। एक बार मार्कण्डेय ने अपने पिता मृकण्डु को बहुत उदास देखकर पूछा, 'पिताजी, आपकी उदासी का क्या कारण है? मैं आपको दुखी नहीं देख सकता। आपको दुखी देखकर मेरा मन बहुत व्याकुल हो रहा है।'

मृकण्डु ने अपने पुत्र से प्रेमपूर्वक कहा, 'हमारा विवाह तुम्हारी माता मरुद्वती से हो जाने के बाद हमें बहुत समय तक संतान की प्राप्ति नहीं हुई। संतानहीनता के कारण हम दोनों बहुत दुखी रहते थे। बहुत समय के बाद हम दोनों ने संतान प्राप्ति के लिए भगवान् शिव की कठोर तपस्या की। शिव हमारी तपस्या से प्रसन्न हुए और उन्होंने साक्षात् दर्शन देकर कहा, 'मैं तुम्हारी इच्छा पूरी करना चाहता हूँ। तुम जो चाहो, मुझसे वरदान माँग सकते हो।'

भगवान् शिव के साक्षात् दर्शन पाकर हम दोनों बहुत खुश हुए और हमने कहा, 'प्रभु, विवाह के इतने वर्षों ब्राद भी हमें आज तक माता-पिता बनने का सौभाग्य प्राप्त नहीं हुआ। संतानहीनता का दुख हमें दिन-प्रतिदिन खाए जा रहा है। कृपया हमें ऐसा वरदान दीजिए जिससे हमें पुत्र की प्राप्ति हो। पुत्र-प्राप्ति के वरदान को छोड़कर हमें कुछ नहीं चाहिए।'

हमारी प्रार्थना सुनकर भगवान् शिव ने कहा, 'मुने, मैं नहीं जानता हूँ कि

तुम्हें किस प्रकार का पुत्र चाहिए! बताओ, तुम्हें एक गुणहीन दीर्घजीवी पुत्र चाहिए या सर्वगुणसंपन्न पुत्र जिसकी आयु सिर्फ सोलह वर्ष हो।'

भगवान् शिव की बात सुनकर मैंने मन-ही-मन सोचा कि पुत्र का प्रयोजन तो नरक से मुक्ति दिलाना है। गुणहीन पुत्र इसमें सहायक नहीं हो सकता, इसलिए मैं गुणहीन पुत्र का क्या करूँगा? मुझे तो सर्वगुणसंपन्न पुत्र ही चाहिए, चाहे उसकी आयु कम ही क्यों न हो!'

अपने मन में अटल निश्चय करके मैं भगवान् शिव के चरणों में गिरकर बोला, 'हे महेश्वर, मुझे गुणहीन दीर्घजीवी पुत्र नहीं चाहिए। मुझे सर्वगुणसंपन्न पुत्र चाहिए, भले ही वह अल्पायु हो।'

इसके बाद भगवान् शिव 'तथास्तु' कहकर अंतर्धान हो गए। मार्कण्डेय के पिता ने दुखी होकर कहा, 'वत्स, यह भगवान् शिव का ही आशीर्वाद है कि जो तुम सर्वगुणसंपन्न हो। मुझे तुम्हारे ऊपर गर्व है। दुख सिर्फ इस बात का है कि तुम्हारा सोलहवाँ वर्ष भी समाप्ति पर ही है।'

मार्कण्डेय ने अपने पिता से कहा, 'पिताजी, मेरे लिए जरा भी चिंता करने की आवश्यकता नहीं है। भगवान् शिव सबका कल्याण करने वाले हैं। वे दयानिधान और आशुतोष हैं। मैं अमरत्व-प्राप्ति के लिए भगवान् शिव की उपासना करूँगा।'

इसके बाद मार्कण्डेय ने अपने माता-पिता के चरण स्पर्श करके मन-ही-मन भगवान् शिव का स्मरण किया और दक्षिण समुद्र के किनारे चले गए। वहाँ मार्कण्डेय ने अपने नाम पर मार्कण्डेश्वर शिवलिंग की स्थापना की। त्रिकाल स्नान करने के बाद श्रद्धा और भक्ति के साथ भगवान् मृत्युंजय की उपासना में तल्लीन हो गए। भगवान् शिव मार्कण्डेय की एक दिन की पूजा-अर्चना से अत्यधिक संतुष्ट हुए।

अपने जीवन के सोलहवें वर्ष के अंतिम दिन मार्कण्डेय भगवान् शिव की उपासना करने में तल्लीन थे, तभी उनके सामने महाकाल बहुत ही भयानक रूप में प्रकट हुए। महाकाल का रंग सिर से पाँव तक कोयले के समान काला था। दहकती हुई लाल आँखें, दो नुकीले दाँत, जो मुख से बाहर झाँक रहे थे और वे

महाकाल की भयानकता को और अधिक बढ़ा रहे थे। महाकाल ने मार्कण्डेय के पास आकर उनके गले में कठोर पाश डाल दिया। मार्कण्डेय ने घबराकर देखा कि महाकाल भयानक रूप में उनके सामने खड़े थे। मार्कण्डेय ने विनम्रतापूर्वक कहा, 'हे मृत्यु के देवता, कृपया आप थोड़ी देर इंतजार कीजिए, महामृत्यंजय मंत्र का जाप पूरा करने की आज्ञा दे दीजिए। हे मृत्यु के देवता, धार्मिक कार्यों को पूरा किए बिना मैं कभी भी अन्न, जल ग्रहण नहीं करता। मैं इस समय भगवान् शिव की पूजा-अर्चना में व्यस्त हूँ। इसलिए आप थोड़ी देर प्रतीक्षा कीजिए।'

मार्कण्डेय की बात सुनकर मृत्यु के देवता को हँसी आ गई। वे बोले, 'हे ब्राह्मण, शायद तुम यह नहीं जानते कि काल किसी का भी इंतजार नहीं करता। काल के नियम सबके लिए बराबर हैं। इसलिए मैं तुम्हारी प्रतीक्षा नहीं कर सकता।' महाकाल ने इतना कहकर पाश को कसते हुए खींचना आरंभ कर दिया।

प्रकृति का यह नियम है कि जो व्यक्ति जन्म लेता है उसकी मृत्यु निश्चित है। उसी प्रकार शास्त्रों की मर्यादा के अनुसार पूजन में बैठा हुआ भक्त हमेशा मृत्युपाश से मुक्त रहता है। उस समय भगवान् भक्त की रक्षा करते हैं। इसलिए महाकाल को एक जोर से झटका लगा और वे बहुत दूर जाकर गिर पड़े। शिवलिंग से प्रकट होकर भगवान् शिव ने मर्यादा भंग करने वाले महाकाल की छाती पर जोर से पदाघात किया।

मार्कण्डेय जी फिर से महामृत्युंजय मंत्र का जाप करने लगे। इसी बीच भगवान् शिव मार्कण्डेय की सच्ची भक्ति से प्रसन्न हो गए और उन्हें अमरत्व

का वरदान दे दिया। शिव ने महाकाल को आज्ञा दी कि आज के बाद जो भक्त महामृत्युंजय का जप करेगा, तुम उसे छू भी नहीं सकते।

महाकाल ने भगवान् शिव की आज्ञा को शिरोधार्य कर लिया। तब से मार्कण्डेय जी मार्कण्डेय मुनि बन गए। इसके बाद मार्कण्डेय मुनि अपने घर आए और माता-पिता के चरणस्पर्श करके उनसे आशीर्वाद लिया। मार्कण्डेय के माता-पिता ने अपने पुत्र को प्रेमपूर्वक गले से लगा लिया। महाकाल भी मार्कण्डेय मुनि की स्तुति करके अपने लोक को वापस चले गए।

शिव का क्रोध

दक्ष ने अपनी पुत्री सती को अत्यधिक दान-दहेज देकर विदा किया। विष्णु शिव के पास गए और बोले, 'प्रभु, आप जगत् के पिता हैं और सती जगत् की माता हैं, इसलिए आप इनके साथ इस संसार का कल्याण कीजिए।'

जिस समय शिव और सती अग्नि की प्रदक्षिणा कर रहे थे, उस समय नृत्य और गीत का उत्सव भी चल रहा था। तभी भगवान् शिव की माया ने सबको मोहित कर दिया। मनुष्यों के साथ ब्रह्माजी भी मोहित हो गए। ब्रह्माजी काम-भावना से आसक्त हो गए। उनके मन में सती का मुख देखने की तीव्र इच्छा हुई।

सती पतिव्रता थीं, इसलिए उन्होंने अपना मुख ढक लिया। ब्रह्माजी ने यज्ञ की अग्नि में गीली लकड़ी के द्वारा धुआँ करके अँधेरा कर दिया और सती के मुख से परदा उठाकर उनका मुख देख लिया।

उस समय कामनिष्ठ ब्रह्माजी के वीर्य की चार बूँदें भूमि पर गिर गईं; किंतु उन्होंने यह बात छिपा ली। किंतु भगवान् शिव अंतर्यामी हैं। उन्होंने अपने तीसरे नेत्र के द्वारा इस बात का पता लगा लिया। अब तो शिव के क्रोध की सीमा न रही। वे अपना त्रिशूल उठाकर ब्रह्मा को मारने दौड़े और बोले, 'अरे पापी, तूने यह घृणित कार्य किया है। विवाह के समय तूने मेरी पत्नी का मुख अनुरागपूर्वक देखा है। अब मैं तुझे मार डालूँगा!'

भगवान् शिव को क्रोधित देखकर सारे देवता भय से काँपने लगे। तभी विष्णुजी उठे और भगवान् शंकर के चरणों में प्रणाम करके बोले, 'हे भगवान्! हम तीनों तो आपके ही रूप हैं। न ब्रह्मा आपसे अलग हैं और न मैं। आप सबकुछ जानते हैं। आप अनंत और सर्वरूप हैं।'

विष्णुजी के इस प्रकार समझाने पर शिवजी ने ब्रह्मा को नहीं मारा और क्षमा कर दिया। इस प्रकार भगवान् शिव प्रसन्न हो गए।

इंद्र को जीवनदान देना

एक बार देवराज इंद्र और बृहस्पति देव भगवान् शिव के दर्शन करने के लिए कैलास पर गए। भगवान् शिव जटाधारी दिगंबर का वेश बनाकर उनकी परीक्षा के लिए वहाँ गए। इंद्र देव भगवान् शिव को पहचान न सके और बोले, 'क्या भगवान् शिव अपने स्थान पर हैं या कहीं और चले गए हैं?'

तपस्वी ने इंद्र की बात का कुछ उत्तर नहीं दिया, केवल शांत खड़े रहे।

इंद्र को तो अपने ऐश्वर्य पर बड़ा ही अभिमान था, इसलिए तपस्वी को घुड़की देते हुए बोले, 'अरे, चुप क्यों खड़ा है? मेरी बात का उत्तर क्यों नहीं देता? ठहर, मैं तुझे इसी वज्र से मार देता हूँ, फिर देखूँगा कि तेरी रक्षा कौन करेगा?'

इतना कहकर इंद्रदेव ने जैसे ही तपस्वी को मारने के लिए वज्र उठाया, तभी भगवान् ने इंद्रदेव का हाथ वज्र सहित स्तंभित कर दिया। इंद्र को अहसास हुआ कि यह तपस्वी अवश्य ही मुझे अपने तेज से जला देगा। इंद्रदेव को अपना हाथ स्तंभित होने के कारण बहुत कष्ट हो रहा था।

तपस्वी को अत्यंत क्रोधित देखकर बृहस्पतिदेव ने तुरंत भगवान् शिव को पहचान लिया। बृहस्पतिदेव ने शिवजी की स्तुति की और इंद्रदेव से भी भगवान् शिव के चरणों में प्रणाम कराया। बृहस्पतिदेव शिव के चरणों में प्रणाम करके बार-बार प्रार्थना करने लगे कि 'हे महादेव! कृपया अपना क्रोध शांत कीजिए

और इंद्र के अपराध को क्षमा करके इन्हें जीवनदान दीजिए। प्रभु आप, तो सदा ही अपने भक्तों पर दया करनेवाले हैं।'

बृहस्पतिदेव की बातें सुनकर शिव बोले, 'तुमने इंद्रदेव को जीवनदान दिया है, इसलिए तुम 'जीव' नाम से विख्यात हो जाओगे। आज के बाद मेरी आँखों की क्रोधाग्नि कभी इंद्र को कष्ट नहीं देगी।'

इसके बाद भगवान् शिव ने अपने क्रोध को क्षीर सागर में डाल दिया और अंतर्धान हो गए। शिव के जाने के बाद बृहस्पति और इंद्र भी अपने स्थान को लौट गए।

शिव-जलंधर युद्ध

एक बार दैत्य जलंधर ने अपने दूत राहु को कैलास पर्वत पर भेजा। नंदी ने राहु को द्वार पर रोकना चाहा, किंतु वह नहीं रुका और सीधे शिव-सभा में पहुँच गया। राहु ने शिव-सभा में जलंधर का संदेश सुनाते हुए कहा कि, 'जलंधर ने शिव की पत्नी पार्वती को बुलाया है।'

यह सुनते ही भगवान् शिव के आगे पृथ्वी फोड़कर एक भयंकर शब्दवाला पुरुष प्रकट हुआ, जिसका मुख शेर के समान था। वह दौड़कर राहु को खाने लगा। राहु ने भगवान् शिव से शरण माँगी। भगवान् शिव ने राहु को उस पुरुष के चंगुल से छुड़ा दिया।

जलंधर के दूत ने लौटकर उसे कैलास पर्वत पर होनेवाली सभी क्रियाओं के विषय में बता दिया। लेकिन जलंधर नहीं माना और अपनी दैत्य-सेना को युद्ध के लिए तैयार कर लिया। कालनेमि और शुंभ-निशुंभ जैसे बड़े-बड़े दैत्यों को तैयार करके जलंधर शिव से युद्ध करने के लिए निकल पड़ा।

देवगण शिव के पास पहुँचे और उन्होंने सारा समाचार भगवान् शिव को बता दिया। शिव को यह जानकर बड़ा ही आश्चर्य हुआ कि विष्णु भी लक्ष्मीजी सहित जलंधर के अधीन होकर उसके घर में रह रहे हैं। देवगणों ने शिव को बताया कि वह महाबली जलंधर आपसे युद्ध करने के लिए आ रहा है।

शंकरजी ने विष्णु को अपने पास बुलाकर पूछा, 'आपने युद्ध में जलंधर का

वध क्यों नहीं किया और किसलिए बैकुंठ छोड़कर उसके घर में निवास कर रहे हैं?'

भगवान् शिव की बातें सुनकर विष्णुजी बोले, 'आपका अंश और लक्ष्मी का भाई जानकर मैंने उसे नहीं मारा। वास्तव में वह वीर तथा अजेय है। मैं उसकी वीरता से मोहित होकर ही उसके घर में निवास कर रहा हूँ।'

विष्णु की बातें सुनकर भक्त-वत्सल शंकरजी बोले, 'विष्णु, इस दैत्य जलंधर का वध मैं अवश्य ही करूँगा।'

तभी दैत्यों और शिव गणों के मध्य भीषण युद्ध हुआ। दैत्यों के अनेक प्रकार के अस्त्र-शस्त्रों, भेरी-मृदंग, शंख आदि के शोर से पृथ्वी काँपने लगी। मृतक हाथी, घोड़े, पैदलों से पहाड़ बन गया। दैत्य गुरु शुक्राचार्य दैत्यों को मृत संजीवनी विद्या से जीवनदान देने लगे। यह देखकर भगवान् रुद्र क्रोधित हो गए। उनके मुख से एक भयंकर कन्या उत्पन्न हुई। उसकी दोनों भुजाएँ ताल के समान थीं। वह युद्धभूमि में जाकर असुरों को चबाने लगी। शुक्राचार्य को अपनी योनि में छिपाकर अंतर्धान हो गई। शुक्राचार्य के गायब हो जाने से देवता दुःखी हो गए और युद्ध का मैदान छोड़कर भागने लगे।

शिवगणों ने जलंधर की दैत्य-सेना को हरा दिया। तभी जलंधर ने भयंकर गर्जना के साथ बाणों की इस तरह वर्षा की, जिससे कुहरा उत्पन्न हुआ और पृथ्वी तथा आकाश सब ढक गए। जब जलंधर ने नंदी और गणेश को बाणों से छेद दिया तो क्रोधित होकर कार्तिकेय ने एक शक्ति से जलंधर को धराशायी करके उस पर गदा से जोरदार प्रहार करने लगा।

अब रुद्र रूप धारण करके शंकर नंदी पर सवार होकर युद्धभूमि में आ गए। शिव के रुद्र रूप को देखकर दैत्य घबराकर भागने लगे। तभी बाणों की वर्षा करता हुआ जलंधर अपने सैनिकों के साथ शिव की ओर दौड़ा, किंतु शिव ने उसके बाणों को काट दिया। रोमा दैत्य और वलाह का शिव ने फरसे से सिर काट दिया। बहुत से दैत्यों को तो शिव के बैल नंदी ने ही मार दिया।

शुंभादि दैत्य तो जलंधर के धिक्कारने पर भी शिव से लड़ने नहीं आए।

इसलिए क्रोधित होकर जलंधर ने सत्तर बाणों की वर्षा से शिव को बेध दिया। किंतु शिव फिर भी जलंधर के बाणों को काटते रहे। शिव ने जलंधर की ध्वजा छत्र को काट दिया और सात बाणों से एक साथ घातक प्रहार किया। अब

जलंधर ने गदा उठाई, लेकिन शिव ने उसकी गदा के भी टुकड़े-टुकड़े कर दिए।

जब भगवान् शंकर के बाणों को जलंधर नहीं काट सका तो उसने माया का सहारा लिया। उसने माया की पार्वती बनाकर उसे अपने रथ के पहिए से बाँध दिया। पार्वती को इस प्रकार कष्ट में देखकर शिवजी ने व्याकुल होकर रौद्र रूप धारण कर लिया। शिव के रौद्र रूप को देखकर शुंभ-निशुंभ भी उनके सामने खड़े न हो सके। शिव ने उन्हें धिक्कारते हुए कहा, 'तुम दोनों दुष्ट और पापी हो! तुमने बहुत बड़ा अपराध किया है। एक तो पार्वती को मारते हो, दूसरे युद्ध से भागते हो। भागते हुए शत्रु को मारना पाप है, इसलिए मैं तुम्हें नहीं मारूँगा; किंतु पार्वती तुम्हें अवश्य मारेंगी।'

शिव के शब्दों को सुनकर जलंधर ने क्रोधित होकर बाणों की वर्षा की। भगवान् शिव ने अपने चरणांगुष्ठ से बनाए हुए सुदर्शन चक्र से जलंधर का सिर काट दिया। भयानक स्वर करता हुआ जलंधर का सिर पृथ्वी पर गिर पड़ा और इस प्रकार जलंधर की मृत्यु से सभी देवता प्रसन्न हो गए।